20

platos
y marisco

200
platos de pescado
y marisco

BLUME

Gee Charman

BLUME

Título original:
200 Fab Fish recipes

Traducción:
Cristóbal Barber Casasnovas

Revisión técnica de la edición en lengua española:
Eneida García Odriozola
Cocinera profesional
(Centro de formación de cocineros y pasteleros de Barcelona Bell Art).
Especialista en temas culinarios

Coordinación de la edición en lengua española:
Cristina Rodríguez Fischer

Primera edición en lengua española 2010
Reimpresión 2011

© 2010 Naturart, S.A. Editado por BLUME
Av. Mare de Déu de Lorda, 20
08034 Barcelona
Tel. 93 205 40 00 Fax 93 205 14 41
e-mail: info@blume.net
© 2009 Octopus Publishing Group, Londres

I.S.B.N.: 978-84-8076-906-8
Depósito legal: B. 809-2011
Impreso en Tallers Gràfics Soler, S.A.,
Esplugues de Llobregat (Barcelona)

WWW.BLUME.NET

En las recetas que se presentan en este libro se utilizan medidas
de cuchara estándar. Una cucharada sopera equivale a 15 ml;
una cucharada de café equivale a 5 ml.

El horno debería precalentarse a la temperatura requerida;
siga siempre las instrucciones que marca su horno.

Deben utilizarse hierbas frescas, a menos de que se indique
lo contrario; deben utilizarse huevos de tamaño mediano,
salvo que se indique lo contrario.

Las autoridades sanitarias aconsejan no consumir huevos crudos. Este libro
incluye algunas recetas en las que se utilizan huevos crudos o poco cocinados.
Resulta recomendable y prudente que las personas vulnerables, tales como
mujeres embarazadas, madres en periodo de lactancia, minusválidos, ancianos,
bebés y niños en edad preescolar eviten el consumo de los platos preparados
con huevos crudos o poco cocinados. Una vez preparados, estos platos
deben mantenerse refrigerados y consumirse rápidamente.

Este libro incluye recetas preparadas con frutos secos y derivados de los
mismos. Es aconsejable que las personas que son propensas a sufrir
reacciones alérgicas por el consumo de los frutos secos y sus derivados,
o bien las personas más vulnerables (como las que se indican en el párrafo
anterior), eviten los platos preparados con estos productos. Compruebe
también las etiquetas de los productos que adquiera para preparar los alimentos.

contenido

introducción

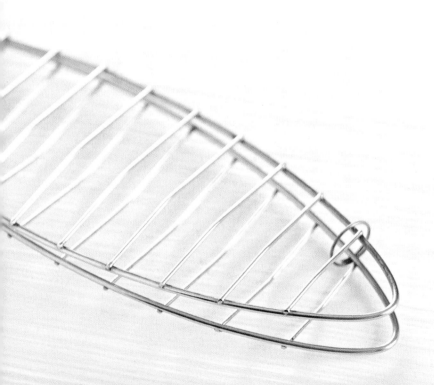

introducción

El pescado es la comida rápida por excelencia ya que se prepara y se cocina en muy poco tiempo. Su gran variedad permitiría que se cenara un pescado diferente durante todo un mes.

El pescado usado en las recetas de este libro se puede cambiar sin problema por otros tipos de pescado. En caso de que no encuentre el pescado de la receta, es recomendable usar un pescado del mismo tipo. Los pescados blancos, como la lubina, pueden sustituirse por el salmonete o el mújol gris. También puede sustituir los pescados planos, como la platija, por besugo, lenguado o falsa limanda. En lugar de langostinos puede usar langostinos jumbo, berberechos en lugar de mejillones o almejas y salmón en lugar de trucha o trucha de mar.

La mayoría de las recetas son fáciles de preparar, aunque las hay que requieren cierta planificación previa, ya que algunos ingredientes se tienen que marinar o requieren una cocción lenta.

El libro está dividido en seis capítulos: aperitivos, sopas y estofados, ensaladas y entrantes, pastas, legumbres y cereales, platos principales y barbacoa. Muchas de estas recetas permiten modificar las cantidades para convertir, por ejemplo, un aperitivo en un entrante o un entrante en un plato principal. Las recetas del capítulo dedicado a la barbacoa pueden adaptarse y cocinarse a la plancha, al horno o en una sartén en caso de que el tiempo no acompañe.

comprar pescados y mariscos

Hay una serie de puntos clave que deberían seguirse a la hora de comprar pescados y mariscos. En todos los casos se deberán comprar frescos. Un pescado entero fresco debería tener los ojos brillantes y transparentes y las branquias de color rojo rubí; además, el pescado debería estar recubierto de una especie de baba transparente. Y lo más importante: el pescado fresco huele a mar, no a pescado.

Resulta más difícil saber si el pescado fileteado es fresco o no. No obstante, la carne debería estar firme, la piel, brillante y, como en el caso del pescado entero, oler a mar.

Es muy importante que el marisco sea fresco. No debería comprar marisco capturado más de un día antes de comprarlo (o dos, como máximo). Pregunte a su pescadero. El marisco tampoco debería oler demasiado a pescado. Los mejillones, las almejas y los berberechos deberían comprarse y cocinarse vivos. Muchos supermercados venden este tipo de mariscos en envases al vacío, lo que los asfixia. Debe evitar comprarlos en estos envases en la medida de lo posible.

pesca sostenible

Durante muchos años los mares de todo el mundo han sido sobreexplotados. Muchas especies se han visto afectadas en función de su popularidad, que va cambiando con las modas y las tendencias. En muchos países han modificado su jurisprudencia al respecto para favorecer la repoblación de las especies sobreexplotadas. Además, la pesca indiscriminada provoca que muchas especies no deseadas queden atrapadas en las redes y a menudo mueran. Este tipo de pesca está teniendo un impacto

EN LAS RECETAS CON...	TAMBIÉN PUEDE USAR...
ABADEJO AHUMADO	Arenques ahumados • Bacalao ahumado
ALMEJAS	Mejillones • Ostras • Berberechos • Navajas
ANCHOAS	Espadines • Sardinas • Chanquetes
ARENQUES	Caballas • Sardinas
ATÚN	Tiburón • Pez espada • Bonito • Mahi Mahi
BACALAO	Abadejo • Hoki • Abadejo • Carbonero • Merluza • Pescadilla (grande)
BESUGO	Pagel • Salmonete • Pargo jorobado • Múgil
CABALLA	Sardinas • Arenques
CABALLA AHUMADA	Anguila ahumada • Salmón ahumado • Trucha ahumada
CALAMAR	Sepia • Pulpo
CANGREJO DE RÍO	Cigalas • Gambas (grandes)
GAMBAS	Vieiras • Cigalas • Langostinos
LUBINA	Pez de San Pedro • Rodaballo • Rémol
MERLUZA	Bacalao
MERO	Rémol • Rodaballo
PARGO COLORADO	Besugo • Salmonete • Besugo • Pagel • Pardete
PERCA	Salmón • Trucha
PEZ ESPADA	Raya • Tiburón • Atún
PLATIJA	Lenguado • Falsa limanda • Limanda (grande) • Peluda
RAPE	Bacalao
RODABALLO	Fletán • Rémol
SALMÓN	Trucha • Trucha asalmonada • Trucha de mar
SALMONETE	Tilapia • Besugo • Lubina
SARDINAS	Arenques • Sardinas • Caballas (pequeñas)
TRUCHA AHUMADA	Caballa ahumada • Anguila ahumada

negativo, además de ser una práctica cruel. Así pues, es recomendable que se asegure de comprar atún pescado con técnicas que no dañen la población de delfines, por ejemplo.

Actualmente es de vital importancia que los consumidores comprueben que el pescado que están a punto de comprar ha sido pescado de forma ética y sostenible. Si no sabe de dónde viene el pescado que va a comprar, es mejor que no lo compre. Hay muchas otras alternativas (*véase* tabla página anterior). Además, hoy en día se pueden encontrar pescados de piscifactoría de muy buena calidad. Consumir este tipo de pescado contribuye a la regeneración de las especies. Existen muchos sitios web en los que comprobar qué especies se pueden comprar sin problema, lo que le facilitará hacer una compra ética.

El pescado de piscifactoría es obviamente una forma ética de consumir ciertos tipos de pescado. No obstante, no ha gozado de muy buena fama en los últimos años debido al hacinamiento de peces en las jaulas marinas, especialmente en el cultivo de salmones. Si compra pescado de piscifactoría, procure que provenga de un cultivo orgánico, ya que las jaulas no suelen estar tan superpobladas y en su cultivo no se usan sustancias químicas, lo que a su vez es mejor para su salud. Busque la etiqueta de un organismo gubernamental en los envases de los pescados de piscifactoría para asegurarse de que cumplen la normativa vigente respecto a la cría de animales de granja.

conservación del pescado

No debe guardar el pescado en el frigorífico más de 1 o 2 días. La temperatura del frigorífico debería estar entre 1 y 5 °C. Es recomendable

extraer el pescado del envase en el que lo haya comprado, colocarlo en un plato limpio cubierto con un paño limpio y húmedo y cubrir el plato con film transparente. Debería hacer lo mismo con las vieiras y las gambas.

Es difícil mantener con vida los mejillones, las almejas y los berberechos, ya que se asfixian con facilidad. La mejor forma de conservarlos, si el marisco va a estar en el frigorífico toda una noche, es ponerlos dentro de un colador sobre unos cubitos de hielo. Vaya reponiendo el hielo a medida que se vaya derritiendo.

El pescado fresco puede congelarse, aunque el proceso de congelación altera ligeramente su sabor y su textura. Si quiere congelar el pescado fresco que ha comprado, asegúrese de que lo compra lo más fresco posible. Envuélvalo en film transparente, póngalo después en una bolsa de plástico o recipiente (ambos herméticos, lo que reducirá la probabilidad de que se «queme» al congelarse) y finalmente guárdelo en el congelador.

Cuando vaya a utilizarlo, déjelo descongelar en el frigorífico, preferiblemente durante toda una noche. Una vez descongelado, úselo ese mismo día. Es posible que el pescado esté un poco mojado. Séquelo con papel de cocina antes de cocinarlo. Nunca vuelva a congelar un pescado que ha sido descongelado.

preparación del pescado y el marisco

La preparación del pescado, especialmente el destripado y el descamado, pueden resultar realmente engorrosa, por lo que es recomendable pedirle a su pescadero que lo haga por usted. También es preferible que se lo filetee.

Almejas, mejillones y berberechos. Es muy fácil identificar los que no están en buen estado. Si están abiertos antes de cocinarlos y no se cierran al golpetearlos o no se abren al cocerse, deséchelos. Haga lo propio con los que tengan la concha rota. Aclárelos bien con abundante agua fría durante un par de minutos para eliminar la arena incrustada en las conchas.

Vieiras. Los pescaderos suelen venderlas limpias (esto es, ya han retirado tanto la parte blanca como las huevas naranjas de la concha). Si compra vieiras en su concha, tendrá que retirar usted mismo las branquias, que tienen el aspecto de una «falda» alrededor del borde. Para hacer esto, vacíe por completo la concha (el molusco, las huevas y la falda) abriéndola con un cuchillo afilado. Arranque la falda del molusco con los dedos.

Calamar. No tiene muy buena reputación, ya que a menudo queda duro y tirante. No obstante, eso pasa porque no se cuece correctamente. No existe una regla general a la hora de cocer el calamar. Se puede cocer de forma muy lenta o de forma muy rápida, y el resultado será igualmente tierno. Si quiere cocinarlo con rapidez, la sartén deberá estar muy, muy caliente y deberá freírlo durante sólo 1 minuto. De lo contrario, cuézalo a fuego lento como si preparara un estofado. Preparar el calamar es más fácil de lo que parece, ya que se vende parcialmente preparado. Extraiga los tentáculos del interior del calamar (donde seguramente estarán colocados). Si quiere cocinar los tentáculos, córtelos justo por debajo del ojo. A continuación, agarre el cuerpo del calamar (también conocido como tubo) y busque en su interior una especie de pluma de textura similar

Mejillones. Por lo general tendrá que quitarles las barbas y limpiarlos con abundante agua en su casa. Simplemente tire de las barbas fibrosas que sobresalen del mejillón. Si se le resisten, córtelas con unas tijeras. Los percebes también necesitan lavarse.

a la del plástico, sáquela y deséchela. Aclare bien el calamar con agua fría y después o ábralo por uno de sus lados o bien córtelo en rodajas. Si opta por practicar cortes sobre la carne para que sea más tierna, hágalos siempre por la parte interior del calamar.

cocción del pescado

En la mayoría de las recetas de este libro, el pescado se cocina en tan sólo unos minutos. Así pues, es importante tenerlo todo preparado antes de poner el pescado en la sartén. El error más común a la hora de cocinar el pescado es cocerlo demasiado.

Cuando se cuecen filetes de pescado con piel, tres cuartas partes del tiempo de cocción deben dedicarse al lado de la piel, ya que ésta protege la carne y permite que el pescado se cueza sin secarse. Es fácil saber cuándo el pescado está cocido por un lado (se vuelve opaco por los bordes). A continuación dele la vuelta y déjelo cocer por el otro lado durante más o menos un minuto.

Si no está seguro de si el pescado está cocido o no, clávele la punta de un cuchillo o un palillo. Si entra en la carne con facilidad, sin resistencia alguna, significa que el pescado está cocido. Se trata de una técnica muy práctica a la hora de cocer filetes gruesos o asar pescados enteros. El pescado cocido también está firme al tacto y se vuelve opaco.

ingredientes esenciales

Si no tiene tiempo de ir a comprar, es recomendable disponer siempre de una serie de ingredientes que le abrirán las puertas a todo un mundo de sabores y le permitirán preparar multitud de recetas fáciles y rápidas de cualquier lugar del mundo. Los ingredientes deshidratados tales como la pasta,

las legumbres, los cereales y las salsas, como la salsa de pescado tailandesa, la salsa de soja, la de chile dulce y la pasta de harissa se conservan durante meses en la despensa o en el frigorífico y le ayudarán a preparar platos deliciosos.

Actualmente existe una amplia variedad de especias en el mercado. Disponer de unas cuantas especias esenciales le servirá para preparar deliciosos currys y suculentos estofados en minutos. Procure disponer siempre de semillas de cilantro, comino, hinojo, mostaza y cúrcuma. Es recomendable tener siempre en la despensa *garam masala*, pimentón dulce, pimentón dulce ahumado y pimienta de cayena. El chile rojo y el chile verde se pueden

congelar sin problemas y usarlos cuando quiera preparar platos un poco más picantes. Las latas de tomate y de leche de coco también son esenciales para preparar un curry o una salsa rápida. Los botes y las latas de aceitunas, pimientos asados, tomate secos, legumbres y anchoas son algunos de los productos que vale la pena tener en la despensa. Las mantequillas de sabores son una forma rápida de dar sabor a los pescados fritos o a la plancha. Prepare más cantidad que la indicada en las recetas de este libro, ya que pueden conservarse en el congelador. De esta forma sólo tendrá que cortar unas rodajas de mantequilla aromática y dejar que se derritan sobre el pescado.

valor nutricional del pescado

Muchos nutricionistas recomiendan comer pescado por lo menos dos veces a la semana debido a sus propiedades nutricionales. El pescado contiene pocas grasas saturadas y muchas grasas esenciales, especialmente los pescados grasos como el salmón o la caballa. Estos pescados contienen altos niveles de omega-3, un ácido graso que debe ser ingerido, ya que el cuerpo no puede producirlo de forma natural. El omega-3 es una parte importante de la dieta tanto de adultos como de niños porque es necesario para gozar de un sistema nervioso sano.

El pescado también es rico en proteínas, necesarias para que las células del cuerpo construyan huesos, músculos, tendones y ligamentos sanos. El pescado también es una fuente de vitaminas, minerales y elementos que contribuyen a una dieta sana y equilibrada. El marisco puede contener altos niveles de un tipo de colesterol que no aumenta los niveles en sangre. Así pues, el marisco no debe evitarse por motivos de salud.

caldo de pescado casero

¿Por qué tomarse la molestia de preparar su propio caldo? En un momento en que se recomienda reducir el consumo de sal, tenemos la posibilidad de preparar un caldo casero sin ella. También nos permite aprovechar al máximo nuestros alimentos.

El pescado puede ser caro. Así pues, si acaba de comprar un pescado entero y su pescadero se lo va a filetear, pídale que le guarde las espinas y la cabeza para preparar su propio caldo. (Las espinas de platija amargan el caldo, por lo que no vale la pena guardarlas).

Si no tiene tiempo para preparar un caldo en ese momento, no tire las espinas: guárdelas en una bolsa de plástico y congélelas hasta que vaya a hacerlo. La siguiente receta sirve para preparar 1 l de caldo.

Si va a utilizar espinas congeladas, asegúrese de que están completamente descongeladas antes de usarlas. No intente acelerar el proceso de descongelación sumergiendo las espinas en agua caliente. Introdúzcalas en agua fría y cámbiela con frecuencia. También puede descongelarlas en el microondas siguiendo las indicaciones del fabricante. Puede congelar el caldo en pequeñas dosis (por ejemplo en cubiteras) y guardar las porciones en bolsas dentro del congelador.

caldo de pescado

500 g de **espinas de pescado**

1,5 l de agua (o suficiente agua como para cubrir las espinas y las verduras)

verduras (como cebolla, apio, puerro y zanahoria picados)

unos **granos de pimienta**

1 **hoja de laurel**

unas **ramitas de tomillo**

unas **ramitas de perejil**

sal y **pimienta**

Cubra las espinas con agua y añada las verduras, los granos de pimienta, la hoja de laurel, el tomillo y el perejil. Llévelo a ebullición. Reduzca el fuego y déjelo cocer a fuego lento durante 20 minutos, retirando la espuma que pueda formarse en la superficie.

Cuele el caldo y deseche las verduras y las espinas. Déjelo cocer a fuego fuerte hasta que adquiera la consistencia y el sabor deseados.

Finalmente, salpimiente el caldo al gusto.

aperitivos

cucharas de salmón marinado con pepino

4 raciones

tiempo de preparación
15 minutos, más tiempo
de marinado

250 g de **filetes de salmón**
sin piel, sin espinas y cortados
en dados pequeños

4 cucharadas de **zumo de limón**

¼ de **pepino**, sin semillas
y cortado en dados pequeños

2 cucharadas de **alcaparras**
escurridas, picadas

1 cucharada de **estragón**, picado

1 cucharada de **mahonesa**

sal y **pimienta**

unas **ramitas de eneldo**,
para decorar (opcional)

Ponga el salmón en un cuenco no metálico. Vierta el zumo de limón por encima y mézclelo bien hasta que el pescado esté bien impregnado. Tape el cuenco y déjelo marinar en el frigorífico durante 3 horas.

Deje escurrir el salmón y deseche el zumo de limón. Mezcle el salmón con el pepino, las alcaparras, el estragón picado y la mahonesa, salpimiéntelo todo y sírvalo en unas cucharas plateadas o transparentes decoradas, si lo desea, con unas ramitas de eneldo.

Para preparar salmón con pepino en vinagre, corte la pulpa externa del pepino en finas tiras con un pelador de verduras y deseche las semillas. Ponga 2 cucharadas de vinagre de arroz y 1 cucharada de azúcar extrafino en una cazuela pequeña y llévelo a ebullición. Retire la cazuela del fuego y déjelo enfriar. Añada las tiras de pepino junto con 1 cucharada de eneldo picado. Sírvalo mezclado con salmón ahumado.

sushi

4-6 raciones

tiempo de preparación
30 minutos, más tiempo
de refrigerado
tiempo de cocción **15 minutos**

225 g de **arroz para sushi**
450 ml de **agua**
4 **cebollas tiernas**, cortadas
en rodajas finas
4 cucharadas de **vinagre
de arroz sazonado**
1 cucharada de **azúcar extrafino**
25 g de **jengibre encurtido**,
cortado en rodajas
1 cucharada de **semillas
de sésamo**, tostadas
3-4 láminas de **nori**
100 g de **salmón salvaje** muy
fresco, cortado en finas tiras
1 **filete grande de lenguado**
sin piel, sin espina y cortado
en pequeñas tiras
10 **gambas** cocidas, peladas
salsa de soja clara,
para acompañar

Ponga el arroz en una cazuela de base gruesa con el agua
y llévelo lentamente a ebullición. Reduzca el fuego y deje
cocer el arroz a fuego lento, medio tapado, durante 5-8 minutos
o hasta que el arroz haya absorbido toda el agua. Tape bien
la cazuela y déjelo cocer a fuego muy lento durante otros
5 minutos o hasta que el arroz esté tierno y algo pegajoso.
Póngalo en un cuenco y déjelo enfriar.

Mezcle las cebollas tiernas, el vinagre, el azúcar, el jengibre
y las semillas de sésamo con el arroz.

Use unas tijeras para cortar las láminas de nori en cuadrados
de 6 cm. Humedézcase las manos y forme pequeños óvalos.
Distribuya los óvalos de arroz en diagonal por encima de
los cuadrados de nori.

Coloque las esquinas de los extremos opuestos del cuadrado
de nori sobre el arroz y ponga un trozo de pescado o una
gamba encima. Sirva el sushi en una fuente y acompáñelo
de un pequeño bol de salsa de soja para mojar.

Para preparar un mojo de chile y cilantro como
acompañamiento alternativo, ponga 4 cucharadas de salsa
de soja clara en un cuenco. Añada 1 cucharada de aceite de
sésamo y un poco de pasta de *wasabi* y mézclelo bien. Agregue
1 chile rojo picado, 1 cucharadita de semillas de sésamo
y 1 cucharada de hojas de cilantro picadas y mézclelo
bien todo.

marisco frito crujiente

4-6 raciones
tiempo de preparación
20 minutos
tiempo de cocción **5 minutos**

500 g de **pescado y marisco
variado** (chanquetes, pescado
blanco sin piel y calamar limpio;
véase pág. 12)
1 **cebolla tierna**, picada
1 **chile rojo** suave, sin semillas
y cortado en rodajas finas
1 **diente de ajo**, picado
2 cucharadas de **perejil**, picado
100 g de **harina de sémola**
½ cucharadita de **pimentón**
aceite de girasol, para freír
sal y pimienta
unas rodajas de **limón** o de **lima**,
para acompañar

Corte el pescado blanco en pequeños trozos; el calamar,
en aros y séquelos con papel de cocina junto con los tentáculos
y el resto de pescados y mariscos que esté usando.

Mezcle la cebolla tierna con el chile, el ajo, el perejil y una pizca
de sal. Resérvelo aparte.

Ponga la harina de sémola y el pimentón en un plato
y salpimiéntelo. Añada el pescado y el marisco y rebócelos
con la mezcla.

Vierta el aceite en una freidora o una cazuela grande hasta
una altura de al menos 7 cm y caliéntelo a 180-190 °C o hasta
que un trozo de pan se dore en el aceite en 30 segundos.
Fría el pescado y el marisco por fases durante 30-60 segundos
hasta que estén crujientes y dorados. Déjelos escurrir sobre
papel de cocina y manténgalos calientes mientras cocina
el resto de los ingredientes. Sirva el pescado y el marisco
en platos pequeños y espolvoree la cebolla tierna y la mezcla
de hierbas aromáticas por encima. Acompañe el plato con unas
rodajas de limón o de lima.

Para preparar mahonesa de chile dulce para acompañar
el plato, mezcle 4 cucharadas de mahonesa con 1 cucharada
de salsa de chile dulce. Exprima el zumo de ½ limón sobre
la mahonesa y mézclelo bien. Si la prefiere picante, añada
1 chile pequeño picado.

tostadas de gamba
con especias tailandesas

4 raciones

tiempo de preparación
25 minutos, más tiempo
de enfriado

tiempo de cocción **20 minutos**

1 cucharada de **aceite vegetal**
1 **cebolla**, picada
1 **chile rojo**, sin semillas
y picado
1 trozo de 5 cm de **raíz
de jengibre fresco**,
pelada y picada
1 **diente de ajo**, majado
200 g de **gambas crudas**,
peladas
150 g de **carne de cerdo**, picada
1 **huevo**, ligeramente batido
1 cucharada de **salsa de
pescado tailandesa**
2 cucharadas de **cilantro**, picado
(y unas ramitas para decorar)
la ralladura de 2 **limas**
5 rebanadas de **pan blanco**
2 cucharadas de **semillas
de sésamo**
aceite vegetal, para freír
sal y **pimienta**
2 **limas** cortadas en rodajas,
para decorar

Caliente el aceite en una sartén a fuego medio. Añada la cebolla, el chile y el jengibre y fríalos hasta que la cebolla esté blanda. Añada después el ajo y fríalo todo durante 1 minuto más. Resérvelo aparte y déjelo enfriar.

Ponga la mezcla de cebolla, ya fría, las gambas y la carne de cerdo en una picadora y tritúrelo todo hasta que se forme una pasta. Añada el huevo, la salsa de pescado, el cilantro, la ralladura de lima y una pizca de sal y tritúrelo de nuevo.

Extienda la mezcla sobre las rebanadas de pan formando una capa de un grosor de aproximadamente 1 cm. Esparza las semillas de sésamo por encima y corte las rebanadas en triángulos.

Vierta el aceite en una freidora o una cazuela grande hasta una altura de al menos 7 cm y caliéntelo a 180-190 °C o hasta que un trozo de pan se dore en el aceite en 30 segundos. Fría las tostadas de gamba de cuatro en cuatro, primero con la parte de la mezcla de gamba hacia abajo durante 3 minutos y después por la parte del pan durante 1 minuto más. Las tostadas deben quedar doradas. Déjelas escurrir sobre papel de cocina y manténgalas calientes mientras cocina el resto de los ingredientes. Sírvalas acompañadas de unas rodajas de lima para exprimirlas sobre las tostadas y decórelas con unas ramitas de cilantro.

Para preparar un mojo de lima y chile para acompañar las tostadas, mezcle 2 cucharadas de zumo de lima, 2 cucharadas de salsa de chile dulce y 2 cucharadas de salsa de pescado tailandesa.

24

pulpo con aliño de ajo

6-8 raciones

tiempo de preparación
10 minutos, más tiempo
de enfriado y calentado
tiempo de cocción **1 hora
y 30 minutos**

1 **cebolla**, cortada en rodajas
1 cucharadita de **clavos enteros**
2 l de **agua**
500 g de **pulpo** preparado,
comprado como mínimo 2 días
antes de prepararlo y guardado
en el congelador para que
se ablande la carne
6 cucharadas de **aceite de oliva
virgen extra**
2 **dientes de ajo**, majados
4 cucharadas de **perejil**, picado
1 cucharadita de **vinagre de vino
blanco**
sal y **pimienta**

Ponga la cebolla, los clavos y 1 cucharada de sal en una
cazuela grande y añada el agua. Llévelo a ebullición. Con
unas pinzas, introduzca y extraiga el pulpo del agua unas
4 veces, esperando que el agua rompa a hervir antes de volver
a introducirlo. A continuación sumerja completamente el pulpo
en el agua (este proceso contribuye a ablandar la carne).
Si el pulpo está cortado en trozos, sumérjalos de uno en uno.

Reduzca el fuego y deje cocer el pulpo a fuego muy lento
durante 1 hora y después compruebe que está blando.
Déjelo cocer durante otros 15-30 minutos si es necesario.
Póngalo a enfriar en el agua. Escúrralo y córtelo en trozos
pequeños. Colóquelo en un cuenco no metálico.

Mezcle el aceite con el ajo, el perejil y el vinagre y salpimiente
al gusto. Añada la mezcla al cuenco. Mézclelo bien todo, tápelo
y déjelo enfriar durante varias horas o durante la noche anterior.
Sirva el pulpo acompañado de pan para mojar en los jugos.

Para preparar pulpo con chorizo picante, cueza el pulpo
como en la receta, déjelo enfriar y córtelo en trozos pequeños.
Espolvoree 1 cucharadita de pimentón dulce sobre 2 chorizos
cortados en rodajas finas y fría el chorizo hasta que esté
crujiente. Déjelo escurrir sobre papel de cocina para eliminar
el exceso de aceite. Ponga 2 cucharadas de aceite de oliva
en un cuenco con el zumo de 1 limón y el chorizo. Salpimiente
al gusto. Añada el pulpo y mézclelo bien para que quede bien
impregnado con el aceite. Cuando esté listo para servir, añada
1 cucharada de hojas de cilantro picadas y 1 cucharada de
perejil picado. Sírvalo acompañado de pan.

paté de bacalao salado con *crostini*

4 raciones
tiempo de preparación
15 minutos, más tiempo
de remojo, enfriado
y refrigerado
tiempo de cocción **15 minutos**

300 g de trozos de **bacalao salado**
1 **diente de ajo**
100 ml de **crema**
½ cucharadita de **pimentón**
zumo de limón, para aliñar
pimienta
1 manojo pequeño de **cebollino** picado, para decorar (opcional)

para el *crostini*
5 rebanadas de **pan de semillas**
aceite de oliva

Ponga el bacalao salado en agua fría y déjelo desalar durante 12 horas, cambiando el agua con frecuencia.

Coloque el bacalao desalado en una cazuela y cúbralo con agua fría. Llévelo a ebullición. A continuación reduzca el fuego a lento durante 5 minutos. Escúrralo. Desmenúcelo en el de una picadora, desechando la piel y las espinas. Añada el ajo y píquelo todo. Mientras la picadora esté en marcha, vierta la crema. Retire la mezcla de la picadora y condiméntela con pimentón, zumo de limón y pimienta. Es muy probable que no tenga que añadir sal. Coloque el paté en un cuenco y cúbralo con film transparente. Cuando haya enfriado, colóquelo en el frigorífico durante al menos 1 hora.

Prepare los *crostini* cortando 4 círculos de 3 cm de cada rebanada de pan con un cortador de pasta. Colóquelos sobre una bandeja para el horno, rócielos con un poco de aceite de oliva y tuéstelos en el horno (precalentado a 180 °C) hasta que estén dorados y crujientes.

Unte el paté de bacalao sobre los *crostini* y, si lo desea, espolvoree un poco de cebollino picado por encima.

Para preparar bacalao con salsa de pimienta, desale y cueza 300 g de de bacalao siguiendo los pasos anteriores. Desmenuce el pescado y fríalo en aceite de oliva hasta que esté crujiente. Pique 200 g de pimientos marinados variados (en bote) y rócielos con un poco de su propio aceite. Añada 8 tomates secos en aceite escurridos y picados y 8 olivas negras sin hueso picadas. Sirva la mezcla de pimientos sobre unos pequeños *crostini*, y añada unos trozos de bacalao encima. Rócielos con un chorro de zumo de limón.

calamares con sal y chile

6-8 raciones

tiempo de preparación
20 minutos, más tiempo
de refrigerado
tiempo de cocción **3 minutos**

750 g de **calamares** limpios
(*véase* pág. 12), cortados
por la mitad y sin tentáculos
200 g de **zumo de limón**
100 g de **harina de maíz**
1 ½ cucharadas de **sal**
2 cucharaditas de **pimienta
blanca**
1 cucharadita de **chile en polvo**
2 cucharaditas de **azúcar
extrafino**
4 claras **de huevo**, batidas
aceite de girasol, para freír

para la **salsa**
1 **chile rojo**, sin semillas
y cortado en pequeños dados
1 cucharada **chalota**, picada
2 cucharaditas de **cilantro**,
bien picado
6 cucharadas de **salsa
de soja clara**
1 cucharada de **vino
de arroz chino**

para la **decoración**
chiles rojos, sin semillas
y cortados en rodajas finas
cebollas tiernas, cortadas
en rodajas finas

Abra los calamares con un cuchillo y séquelos con papel de cocina. Colóquelos con la parte brillante hacia abajo. Con un cuchillo afilado, haga unos cortes diagonales cruzados (hasta formar rombos) poco profundos, procurando no llegar a cortar la carne. Corte el calamar en trozos de 5 × 2 cm y colóquelos en un plato no metálico. Vierta el zumo de limón, tape y refrigere 15 minutos.

Mezcle la harina de maíz, la sal, la pimienta, el chile en polvo y el azúcar. Sumerja los trozos de calamar en las claras de huevo ligeramente batidas y páselos por la mezcla de harina de maíz. Sacúdalos para eliminar el exceso de harina.

Vierta el aceite en una freidora o una cazuela hasta una altura de al menos 7 cm y caliéntelo a 180-190 °C o hasta que un trozo de pan se dore en el aceite en 30 segundos. Fría el calamar en tres fases hasta que esté ligeramente dorado y se rice un poco. Retire los trozos de calamar de cada fase y déjelos escurrir sobre papel de cocina.

Mezcle todos los ingredientes de la salsa para mojar en un cuenco. Si lo desea, puede servir el calamar en pequeños conos de papel, decorado con unas rodajas de chile y de cebolla tierna y acompañado de la salsa para mojar.

Para preparar calamares con sal y pimienta, prepare los calamares como en la receta. Mezcle 100 g de harina de maíz, 2 cucharaditas de azúcar extrafino, 1 ½ cucharadas de sal, 1 cucharadita de pimienta blanca molida y 1 cucharadita de pimienta negra molida. Sumerja el calamar en las claras de huevo batidas y después páselo por la mezcla de harina de maíz. Fríalo en aceite de girasol durante 1 minuto y déjelo escurrir sobre papel de cocina. Sírvalo como se indica en la receta.

broquetas de atún picante

4 raciones
tiempo de preparación
   10 minutos, más tiempo
   de marinado
tiempo de cocción **6 minutos**

1 cucharada de **cúrcuma**
1 cucharada de **comino molido**
1 cucharada de **cilantro molido**
1 trozo de 3,5 cm de **raíz
   de jengibre fresco**, pelada
   y picada
2 cucharadas de **aceite de oliva**
2 **dientes de ajo**, majados
400 g de **filete de atún** fresco,
   troceado
200 ml de **yogur natural**
la ralladura de 1 **limón**
aceite vegetal, para untar
sal y **pimienta**

Ponga la cúrcuma, el comino, el cilantro, el jengibre, el aceite de oliva y 1 diente de ajo en un cuenco y mézclelo bien. Incorpore el atún, removiendo los trozos para que queden bien impregnados. Tape el cuenco y déjelo marinar en el frigorífico durante al menos 1 hora (preferiblemente toda una noche).

Mezcle el yogur con el otro diente de ajo y la ralladura de limón y salpimiente la mezcla al gusto. Caliente una plancha a fuego fuerte y úntela con un poco de aceite vegetal. Dore rápidamente los trozos de atún por fases, durante 1 minuto por un lado y durante 30 segundos por el otro. Retire los trozos de la plancha y sirva el atún en unas broquetas de bambú para mojar en la salsa de yogur.

Para preparar *tataki* de atún con mahonesa de *wasabi*, unte 400 g de filete de atún cortado en trozos con un poco de aceite vegetal. Condiméntelo con sal y un poco de pimienta de Sichuan recién molida y después dórelo en una plancha muy caliente como en la receta. Mezcle 5 cucharadas de mahonesa con 1 cucharada de pasta de *wasabi* y 1 cucharadita de zumo de lima. Sirva el atún acompañado de la mahonesa de *wasabi*.

broquetas de arenque y pepino al eneldo

15 broquetas

tiempo de preparación
  15 minutos, más tiempo
  de refrigerado

15 **filetes de arenque
  en vinagre (matjes)**, escurridos
  o 15 **filetes de arenque**,
  enrollados

para el **pepino al eneldo**
1 **pepino** grande
200 ml de **vinagre de vino
  blanco**
2 cucharaditas de **azúcar
  extrafino**
3 cucharadas de **eneldo**, picado
sal y **pimienta**

**salsa rosa de remolacha
  y crema agria** para acompañar
  (opcional; *véase* derecha)

Corte el pepino en tiras largas y finas con un pelador
de verduras y colóquelo en un cuenco no metálico poco
profundo. Mezcle el vinagre y el azúcar, añádale el eneldo
y rocíe la mezcla sobre el pepino. Salpimiente al gusto.
Tape el cuenco y déjelo escabechar en el frigorífico
durante 3-4 horas.

Pinche un filete de arenque en una broqueta de bambú
junto con unas rodajas de pepino. Repita el proceso hasta
obtener 15 broquetas. Sírvalas a temperatura ambiente
acompañadas, si lo desea, de salsa de remolacha y crema
agria (*véase* inferior).

Para preparar salsa rosa de remolacha y crema agria
para acompañar, pique 50 g de remolacha cocida y pelada
en una trituradora. Añada 100 ml de crema agria y 100 g
de mahonesa y mézclelo bien hasta obtener una salsa muy
fina y rosada y póngala en el frigorífico hasta el momento
de servirla.

calamares al estilo cajún con guacamole

4 raciones
tiempo de preparación
7 minutos
tiempo de cocción **8 minutos**

150 g de **harina**
1 cucharada colmada
de **aliño cajún**
4 **calamares** grandes, limpios
(*véase* pág. 12), cortados
en aros y sin tentáculos
aceite vegetal, para freír
sal y pimienta

para el **guacamole**
2 **aguacates** maduros,
pelados y sin hueso
1 **cebolla roja** pequeña, picada
1 **chile rojo** sin semillas y picado
2 cucharadas de **nata**
para montar
el zumo de 1 **lima**

Ponga los aguacates en una picadora y tritúrelos hasta obtener una pasta suave (también puede machacarlos con un tenedor). Añada la cebolla, el chile y la nata y condimente la mezcla con el zumo de limón, sal y pimienta. Resérvelo mientras prepara y cocina los calamares.

Ponga la harina y el aliño cajún en una bolsa de plástico con cierre junto con la sal y la pimienta. Mézclelo bien. Añada el calamar y sacúdala hasta que el calamar quede bien rebozado con la mezcla.

Caliente 1 cm de aceite en una sartén a fuego fuerte. Sacuda ligeramente los calamares para eliminar cualquier exceso de harina y fría los calamares por tandas durante 1-2 minutos. Retírelos de la sartén y déjelos escurrir sobre papel de cocina. Manténgalos calientes mientras cocina el resto de los ingredientes. Sírvalos inmediatamente con el guacamole.

Para preparar gambas rebozadas a la lima con mahonesa de chile, enharine 20 gambas grandes crudas peladas (pero sin quitar la cola). Después sumérjalas en un huevo batido y finalmente rebócelas con pan rallado *panko* (pan rallado japonés) o con pan rallado normal. Fría las gambas en aceite vegetal hasta que estén doradas y después rocíelas con el zumo de 1 lima. Mezcle 1 chile rojo sin semillas y picado con 125 g de mahonesa y sirva las gambas acompañadas de la salsa.

conos de chanquetes crujientes con patatas fritas

12 conos
tiempo de preparación
20 minutos
tiempo de cocción **10 minutos**

250 g de **patatas** peladas y
cortadas en tiras largas y finas
aceite de girasol para freír
4 cucharadas de **harina**
400 g de **chanquetes**
sal y **pimienta**
vinagre de malta, para
acompañar

Ponga una hoja de papel sulfurizado sobre una hoja papel de periódico. Corte las dos capas en 12 cuadrados y enróllelos para formar pequeños conos.

Aclare las patatas con abundante agua fría y déjelas escurrir sobre papel de cocina. Vierta el aceite en una freidora o una cazuela grande hasta una altura de al menos 7 cm y caliéntelo a 180-190 °C o hasta que un trozo de pan se dore en el aceite en 30 segundos. Fría las patatas durante 4-5 minutos y déjelas escurrir sobre papel de cocina y vuélvalas a freír durante 1-2 minutos hasta que estén crujientes y doradas. Deje escurrir las patatas y manténgalas calientes.

Ponga la harina en un plato grande y salpimiéntela bien. Empane los chanquetes con la harina y fríalos por etapas durante 1-2 minutos o hasta que estén crujientes y dorados. Déjelos escurrir sobre papel de cocina.

Mezcle los chanquetes con las patatas, salpimiéntelos y colóquelos dentro de los conos. Sirva los conos acompañados de vinagre de malta.

Para preparar chanquetes con rodajas de boniato a las especias indias, pele 2 boniatos grandes y córtelos en tajadas. Coloque el boniato en un cuenco con 2 cucharadas de aceite vegetal, 1 cucharadita de comino molido, 1 cucharadita de cilantro molido y 1 cucharadita de semillas de hinojo ligeramente machacadas y mézclelo bien. Extienda la mezcla sobre una bandeja antiadherente del horno, precalentado a 200 °C, durante 30 minutos hasta que el boniato esté tierno por dentro y crujiente por fuera. Mientras tanto, cueza los chanquetes como en la receta y sírvalos mezclados con el boniato.

buñuelos de maíz dulce
con pez de san Pedro

4 raciones
tiempo de preparación
   10 minutos
tiempo de cocción **20 minutos**

2 cucharadas de **aceite de oliva**
2 **peces** de **san Pedro** fileteados,
   sin espinas y troceados
sal y **pimienta**

para los **buñuelos**
75 g de **harina con levadura**
½ cucharadita de **pimentón**
1 **huevo**
50 ml de **leche**
2 **mazorcas de maíz**,
   con los granos separados
1 **pimiento rojo**, sin semillas
   y cortado en pequeños dados
2 cucharadas de **aceite vegetal**

para **acompañar** (opcional)
100 g de crema agria
unas **hojas de cilantro**

Mezcle la harina, el pimentón, el huevo y la leche hasta formar una masa densa y homogénea. Añada el maíz y el pimiento rojo y salpimiéntelo todo.

Caliente el aceite vegetal en una sartén a fuego medio. Vaya vertiendo cucharaditas colmadas de la masa en el aceite y fría los buñuelos hasta que estén dorados y empiecen a formarse burbujas en su superficie. Gírelos y fríalos por el otro lado hasta que estén dorados. Manténgalos calientes mientras cocina el pescado. (También se pueden preparar los buñuelos el día anterior y calentarlos en el horno antes de servirlos).

Caliente una sartén a fuego fuerte y añada el aceite de oliva. Sazone el pescado y fríalo durante 2 minutos hasta que la piel esté dorada y crujiente. Dele la vuelta y fríalo otros 30 segundos. Coloque un trozo de pescado sobre cada buñuelo y ponga 1 cucharada de crema agria por encima. Decórelos, si lo desea, con una hoja de cilantro.

Para preparar cucharas de maíz y pimienta con pez de san Pedro, mezcle 250 g de maíz en lata escurrido y 1 pimiento rojo sin semillas y picado. Añada 1 cucharadita de chile rojo picado, 1 cucharada de cilantro picado y 1 cucharada de aceite de oliva. Salpimiente al gusto. Fría los peces de san Pedro como se indica en la receta. Ponga un poco de la mezcla de maíz en una cucharita de postre plateada y un trozo de pescado encima. Rocíe las raciones con zumo de lima y decórelas con una ramita de cilantro.

kebabs de prosciutto y vieiras

20 *kebabs*
tiempo de preparación
20 minutos, más tiempo
de marinado
tiempo de cocción **2-4 minutos**

2 **dientes de ajo**, majados
1 **chile rojo seco**, machacado
4 cucharadas de **aceite de oliva**
el zumo de ½ **naranja**
1 cucharadita de **orégano seco**
20 **vieiras** limpias
(opcionalmente sin huevas)
10 lonchas finas de ***prosciutto***,
cortadas en 2 tiras
20 **hojas de albahaca**
20 mitades de **tomate asado**
sal

Ponga el ajo, el chile, el aceite, el zumo de naranja y el orégano en un cuenco pequeño. Mézclelo bien y sazónelo al gusto.

Distribuya las vieiras (sin amontonarlas) en un cuenco poco profundo y rocíelas con la mezcla de ajo y chile. Tape el cuenco y déjelo marinar en el frigorífico durante 15-20 minutos.

Enrolle una tira de *prosciutto* alrededor de cada vieira y fíjela con una broqueta metálica o con una broqueta de bambú humedecida. Clave una hoja de albahaca y medio tomate en cada broqueta.

Coloque las broquetas a 6 cm del gratinador a la máxima potencia y déjelas cocer durante 1-2 minutos por cada lado o hasta que las vieiras estén cocidas. (No las cueza demasiado, ya que se pondrán duras). Retírelas del gratinador y sírvalas inmediatamente.

Para preparar un aliño de cítricos para acompañar las vieiras, ponga el zumo de ½ naranja y el zumo de ½ pomelo en una cazuela pequeña. Llévelo a ebullición y reduzca el fuego hasta que adquiera la consistencia de un sirope. Viértalo en un cuenco y añada 3 cucharadas de aceite de oliva. Salpimiente el aliño al gusto y agregue un poco de miel si el aliño es demasiado ácido.

sushi de salmón ahumado y pepino

4 raciones

tiempo de preparación
15 minutos, más tiempo
de enfriado
tiempo de cocción **15 minutos**

300 g de **arroz para sushi**
2 cucharadas de **vinagre**
de arroz
1 cucharada de **azúcar extrafino**
2 **láminas de nori**
1 cucharadita de **pasta**
de *wasabi*
2 tiras largas de **pepino**,
de la misma longitud
que las hojas de nori
y de un grosor de 1 cm
100 g de **salmón ahumado**
2 cucharadas de **jengibre**,
escabechado
4 cucharadas de **salsa de soja**

Cueza el arroz para sushi siguiendo las instrucciones del envase.

Mezcle el vinagre y el azúcar hasta que ésta se haya disuelto. Cuando el arroz esté cocido y todavía esté caliente, vierta suficiente mezcla de vinagre y azúcar como para recubrir los granos de arroz, pero no deje que el arroz se empape. Extienda el arroz sobre una bandeja para que se enfríe rápidamente.

Tome 1 lámina de nori y colóquela sobre una esterilla de bambú con la parte más larga situada en paralelo con su cuerpo y con la superficie rugosa hacia arriba. Con las manos húmedas, cubra tres cuartas partes de la superficie del alga con una fina capa de arroz, dejando una franja vacía en la parte superior de la lámina.

Esparza un poco de pasta *wasabi* con uno de sus dedos por encima del arroz formando una delgada línea en el extremo de la lámina más cercano a usted. A continuación coloque una tira de pepino y un poco de salmón encima del arroz.

Use la esterilla de bambú para empezar a enrollar el alga, añadiendo poco a poco el pepino y el salmón a medida que enrolla. Cuando ya haya enrollado casi toda el alga, moje uno de sus dedos y humedezca la parte del alga sin arroz. Termine de enrollarla. El rollo deberá quedar pegado gracias a la parte húmeda. Repita el proceso con la otra lámina de nori. Finalmente corte los rollos en 8 trozos iguales con un cuchillo afilado.

Mezcle el *wasabi* restante con el jengibre escabechado y la salsa de soja y sírvalo como acompañamiento para el sushi.

nidos de fideos con cangrejo picante

20 nidos
tiempo de preparación
10 minutos
tiempo de cocción
11-15 minutos

100 g de **fideos finos frescos
al huevo**
1 cucharada de **aceite
de girasol**, más un poco
para engrasar
2 **cebollas tiernas**, cortadas
en rodajas finas
2 **dientes de ajo** picados
1 cucharadita de **raíz de
jengibre fresco**, pelada
y cortada en pequeños dados
1 **chile rojo**, sin semillas
y cortado en pequeños dados
200 g de **carne blanca
de cangrejo fresca**
2 cucharadas de **salsa
de chile dulce**
4 cucharadas de **cilantro**, picado

Engrase 20 moldes de tartaleta antiadherentes con un poco
de aceite. Separe los fideos en 20 porciones, colóquelos en
los moldes y presiónelos para que adopten forma de tartaleta,
asegurándose de que la base está bien cubierta. Unte los
moldes con un poco más de aceite y colóquelos en el horno
(precalentado a 180 °C). Déjelos cocer durante 8-10 minutos
o hasta que los fideos estén crujientes y firmes. Retire los
fideos de los moldes y déjelos enfriar sobre una rejilla metálica.

Caliente 1 cucharada de aceite en un wok o sartén
grande antiadherente y añada las cebollas tiernas, el ajo,
el jengibre y el chile y saltéelos durante 2-3 minutos. Incorpore
la carne de cangrejo y saltéelo todo durante 1-2 minutos
más. Retire la sartén del fuego, agregue la salsa de chile dulce
y el cilantro y mézclelo todo bien.

Ponga 1 cucharada colmada de la mezcla de carne de cangrejo
sobre cada nido de fideos y sírvalos inmediatamente.

Para preparar linguine con cangrejo picante, cueza 300 g
de linguine siguiendo las instrucciones del envase. Escúrralos
y resérvelos aparte. Caliente 2 cucharadas de aceite de oliva
en una sartén grande y fría 1 chile rojo grande picado durante
2 minutos. Añada 4 cebollas tiernas cortadas en rodajas finas,
375 g de carne blanca de cangrejo fresca, el zumo de 1 lima
y 2 cucharadas de hojas de cilantro troceadas y caliéntelo bien
todo. Agregue los linguine y mezcle bien todos los ingredientes.
Aliñe los linguine con 2 cucharadas de aceite de oliva y sírvalos
inmediatamente.

carbonero con chile dulce y jengibre

4 raciones
tiempo de preparación
15 minutos
tiempo de cocción **20 minutos**

150 g de **harina con levadura**
1 cucharada de **harina de maíz**
2 cucharadas de **cilantro**, picado
125 ml de **agua con gas**
425 g de **filetes de carbonero**,
   sin espinas y cortados
   en 7 tiras de 2,5 cm
aceite vegetal, para freír
sal y **pimienta**
1 **lima**, cortada en rodajas
   para decorar

para la **salsa**
50 ml de **salsa de chile dulce**
1 cucharada de **jengibre
   escabechado**, picado
1 cucharada del **jugo
   del jengibre**

Mezcle los ingredientes de la salsa y resérvela aparte.

Ponga la harina, la harina de maíz, el cilantro y una buena
pizca de sal y pimienta en un cuenco grande. Añada poco
a poco el agua con gas, sin parar de remover con un tenedor,
hasta que la mezcla adopte la consistencia de la nata.
No remueva la masa en exceso. Si se forman pequeños
grumos de harina no pasa nada. Seque las tiras de pescado
con papel de cocina y sumérjalos en la masa.

Vierta el aceite en una freidora o una cazuela grande
hasta una altura de al menos 7 cm y caliéntelo a 180-190 °C
o hasta que un trozo de pan se dore en el aceite en 30 segundos.
Fría el pescado por pequeñas fases hasta que esté dorado.
Déjelo escurrir sobre papel de cocina y manténgalo caliente
mientras cocina el resto de los ingredientes.

Sirva el pescado acompañado de la salsa y decorado
con unas rodajas de lima.

Para preparar una salsa tártara casera para servir como
acompañamiento alternativo, mezcle 150 ml de mahonesa,
1 cucharada de pepinillos picados, 1 cucharada de alcaparras
picadas, 1 cucharada de chalota picada y 2 cucharadas
de perejil picado. Salpimiéntela al gusto.

hojaldres de anchoa

4 raciones

tiempo de preparación
10 minutos

tiempo de cocción **10 minutos**

2 láminas de **hojaldre**
precocinado (descongeladas)
50 g de **filetes de anchoa
en conserva**, escurridos
y picados
4 cucharadas de **queso
parmesano**, rallado
1 **huevo**, ligeramente batido
1 cucharada de **semillas
de sésamo negro**

Extienda 1 lámina de hojaldre sobre la superficie de trabajo. Reparta primero los trozos de anchoa y después el queso parmesano por encima.

Unte uno de los lados de la otra lámina de hojaldre con un poco de huevo batido. Coloque la lámina encima de la que tiene las anchoas y el queso, con el lado untado con el huevo hacia abajo, hasta formar un sándwich de hojaldre. Aplaste las láminas de hojaldre con un rodillo de cocina para sellarlas bien. El sándwich debería tener el mismo grosor que una de las láminas de hojaldre originales. Unte la superficie superior del sándwich con un poco de huevo batido y espolvoree unas semillas de sésamo negro por encima.

Corte el sándwich en 10 tiras de 1,5 cm y colóquelas sobre una bandeja antiadherente para el horno, dejando espacio entre ellas para que se hinchen sin agolparse.

Coloque las tiras en el horno (precalentado a 200 ºC) y déjelas cocer durante 10 minutos o hasta que se hinchen y estén doradas. Retírelas y déjelas enfriar sobre una rejilla metálica.

Para preparar empanadas de pasta filo rellenas de anchoa y olivas negras, extienda 1 lámina de pasta filo y úntela con un poco de mantequilla fundida. Coloque otra lámina encima y úntela también con mantequilla fundida. Mezcle 50 g de filetes de anchoa en conserva escurridos y 50 g de olivas negras sin hueso picadas. Unte los bordes de la pasta filo con un poco de esta mezcla y empiece a enrollarlos. Corte los rollos por la mitad. Unte la superficie de los rollitos con un poco más de mantequilla fundida y déjelos cocer en el horno (precalentado a 190 ºC) durante 8-10 minutos hasta que estén dorados.

hojaldres rellenos de langosta y estragón

20 hojaldres
tiempo de preparación
20 minutos
tiempo de cocción
12-15 minutos

200 g de **pasta de hojaldre**
(descongelada)
harina, para espolvorear
2 **huevos**, ligeramente batidos,
para glasear
150 g de **carne de cola de
langosta cocida**, cortada
en dados de 1 cm
4 cucharadas de **mahonesa**
1 cucharadita de **mostaza
americana**
1 cucharada de **pimiento
rojo** sin semillas y cortado
en pequeños dados
2 cucharadas de **estragón
picado**
sal y **pimienta**
unas **ramitas de estragón**,
para decorar

Cubra una bandeja para horno con papel sulfurizado
antiadherente. Extienda las láminas de pasta con un rodillo
de cocina sobre una superficie enharinada hasta que tengan
un grosor de 5 mm. Corte 40 redondeles de 6 cm con un cortador
de pasta. Ponga 20 redondeles en la bandeja para el horno,
separados entre sí, y úntelos con el huevo batido. Con un
cortador de pasta de 3 cm, corte redondeles en el centro
de los redondeles restantes y deseche la parte extraída.
Coloque los «anillos» sobre los redondeles de la bandeja
y déjelos cocer en el horno (precalentado a 200 °C) durante
12-15 minutos o hasta que se hinchen y estén dorados.
Retírelos del horno y déjelos enfriar completamente sobre
una rejilla metálica.

Mientras, ponga la carne de langosta en un cuenco y mézclela
con la mahonesa, la mostaza, el pimiento rojo y el estragón.
Salpimiente al gusto. Coloque 1 cucharadita de la mezcla
sobre cada uno de los redondeles. Decórelos con unas ramitas
de estragón y sírvalos inmediatamente.

Para preparar rollitos de hojaldre rellenos de gamba,
extienda 200 g de pasta de hojaldre con un rodillo hasta
que tenga un grosor de 2-3 mm. Quite la cabeza y pele
15 langostinos dejando la parte final de la cola. Corte
la lámina de hojaldre en cuadros de 5 cm. Unte los bordes
de los cuadros con un poco de huevo batido. Enrolle
las 15 gambas con los 15 cuadros de hojaldre, dejando
al descubierto el extremo de la cola. Recorte la pasta que
sobre. Unte la parte superior de los rollitos de gamba con
un poco de huevo batido y espolvoree unas semillas de sésamo
por encima. Déjelos cocer en el horno (precalentado a 180 °C)
durante 10-15 minutos hasta que estén dorados.

rollitos de cangrejo de río con salsa *hoisin*

4 raciones

tiempo de preparación
25 minutos

8 **láminas de papel de arroz**
16 **cebollinos**, largos
4 **hojas de lechuga iceberg**,
  cortadas en juliana
4 **cebollas tiernas**, cortadas
  en tiritas
16 **hojas de menta**, troceadas
16 **colas de cangrejo de río**,
  cocidas y peladas
3 cucharadas de **salsa *hoisin***

Llene un cuenco poco profundo con agua caliente y ponga el papel de arroz en remojo durante unos 5 minutos hasta que se reblandezcan. Retire el papel de arroz del agua y colóquelo sobre un paño limpio y seco. Corte las láminas por la mitad.

Escalde el cebollino en agua hirviendo durante 10 segundos y después aclárelo con abundante agua fría.

Extienda media hoja de papel de arroz y ponga un poco de lechuga, un poco de cebolla tierna, un poco de menta y una cola de cangrejo de río encima. Enrolle el papel de arroz y pliegue los extremos para que los ingredientes queden bien cerrados. Ate un tallo de cebollino alrededor del centro del rollo para sellarlo bien. A continuación colóquelo en una bandeja y cúbralo con un trapo limpio y húmedo mientras prepara el resto de los rollos. Sirva los rollos de cangrejo de río acompañados de la salsa *hoisin*.

Para preparar rollitos de primavera rellenos de gambas y bambú, unte 1 lámina de pasta filo con un poco de mantequilla fundida. Con el lado más corto de la pasta alineado con su cuerpo, coloque 1 langostino crudo pelado y un montículo de brotes de bambú en el centro de la lámina de pasta. Enrolle la lámina y pliegue los extremos para sellar bien todos los ingredientes. Repita el proceso para preparar 15 rollos más. Unte los rollitos de primavera con un poco de mantequilla fundida y cuézalos en el horno (precalentado a 180 °C) durante 10-15 minutos hasta que estén dorados. Sírvalos acompañados de la salsa *hoisin*.

cucharas de *soba*, *tobiko* y cebolla tierna

20 cucharas
tiempo de preparación
15 minutos
tiempo de cocción **5 minutos**

250 g de **fideos** *soba*
4 cucharadas de **salsa de soja clara**
4 cucharadas de **mirin** (vino de arroz)
1 cucharadita de **aceite de sésamo tostado**
¼ cucharadita de **pasta de *wasabi***
6 cucharadas de **aceite de girasol**
2 **cebollas tiernas**, cortadas en rodajas finas
25 g de *tobiko* (huevas de pez volador) o **huevas de salmón pequeño**

Cueza los fideos siguiendo las indicaciones del envase hasta que estén al punto. Déjelos escurrir, aclárelos con agua fría y déjelos escurrir de nuevo.

Bata la salsa de soja junto con el mirin, el aceite de sésamo, la pasta de *wasabi* y el aceite de girasol en un cuenco hasta que los ingredientes estén bien mezclados. Añada los fideos y remuévalos para que queden bien impregnados. Incorpore después las cebollas tiernas y mézclelo bien todo.

Divida los fideos en 20 porciones iguales y enrolle cada porción con un tenedor hasta formar un pequeño nido. Coloque con cuidado los nidos sobre cucharas soperas orientales. Con una cucharita ponga un montículo de *tobiko* o huevas de salmón sobre cada nido y sírvalo inmediatamente.

Para preparar una ensalada de fideos *soba* y cangrejo de río, cueza los fideos siguiendo las indicaciones del envase. Déjelos escurrir y resérvelos aparte. Mezcle 2 cucharadas de salsa de chile dulce, el zumo de 1 lima y 2 cucharadas de salsa de pescado tailandesa. Rocíe los fideos deshidratados con la salsa y mézclelo bien. Añada 50 g de cacahuetes salados, 200 g de colas de cangrejo de río cocidas y peladas y 4 cebollas tiernas cortadas en rodajas y sirva la ensalada decorada con un buen puñado de hojas de cilantro.

panecillos de romero y trucha ahumada

4 raciones
tiempo de preparación
30 minutos
tiempo de cocción **7-10 minutos**

250 g de **harina con levadura**
(y un poco para espolvorear)
1 pizca de **sal**
½ cucharadita de **levadura en polvo**
50 g de **mantequilla**, cortada en dados
1 cucharada de **romero**, picado
1 **huevo**, ligeramente batido
unos 150 ml de **suero de leche**
leche, para glasear
unas ramitas de **eneldo**,
para decorar (opcional)

para el **relleno**
125 g de **queso cremoso**
1 cucharada de **eneldo**, picado
1 cucharada de **cebollino**, picado
150 g de **trucha ahumada**
sal y **pimienta**

Tamice la harina, la sal y la levadura en un cuenco y añada la mantequilla. Mézclelo todo con las yemas de los dedos hasta que la mezcla adquiera una consistencia similar a migas de pan. Añada después el romero, el huevo y suficiente suero de leche como para obtener una masa blanda pero no pegajosa. No amase en exceso la mezcla.

Extienda la masa con un rodillo sobre una superficie ligeramente enharinada hasta que tenga un grosor de 1,5 cm. Con un cortador de pasta de 3 cm de diámetro, corte 16 redondeles. Colóquelos en una bandeja antiadherente para el horno y unte la parte superior de los redondeles con un poco de leche. Póngalos en el horno (precalentado a 190 °C) durante 7-10 minutos o hasta que estén dorados e hinchados. A continuación déjelos enfriar sobre una rejilla metálica.

Mezcle el queso cremoso, el eneldo y el cebollino y salpimiente al gusto.

Corte la parte superior de los panecillos para que tengan una superficie plana. A continuación extienda un poco de la mezcla de queso por encima. Ponga un trozo de trucha ahumada sobre la mezcla de queso y, si lo desea, decore los panecillos con una ramita de eneldo.

Para preparar paté de salmón ahumado como sustituto para la mezcla de queso cremoso, triture 250 g de salmón ahumado, 2 cucharadas de nata y 100 g de queso cremoso en una picadora. Añada 2 cucharadas de eneldo picado y salpimiente al gusto.

cazuelitas de gambas
con pitas aromáticas

4 raciones

tiempo de preparación
10 minutos, más tiempo
de refrigerado

tiempo de cocción **15 minutos**

1 cucharada de **aceite de oliva**
1 **cebolla roja**, pequeña picada
1 **chile verde**, sin semillas
y picado
200 g de **mantequilla**
200 g de **gambas**, cocidas
peladas
la ralladura de 1 **lima**
y 1 cucharadita de su zumo
sal y **pimienta**

para las **pitas aromáticas**
50 g de **mantequilla**, blanda
1 **diente de ajo**, majado
1 cucharada de **cilantro**, picado
1 cucharada de **perejil**, picado
4 **panes de pita**, blancos
o integrales

Caliente el aceite en una sartén a fuego medio. Añada
la cebolla y el chile y fríalos hasta que la cebolla esté
blanda y translúcida. Retire la sartén del fuego, añada la
mantequilla y deje que se derrita. Finalmente agregue las gambas
y la ralladura de lima. Condimente las gambas con un chorro
de zumo de lima y salpimiente al gusto.

Llene con la mezcla en pequeños cuencos de barro o en una
fuente de barro grande. Tape los cuencos y póngalos en el
frigorífico durante al menos 2 horas o hasta que la mantequilla
se haya solidificado. (Este paso se puede hacer perfectamente
el día anterior). Retire los cuencos del frigorífico 20 minutos
antes de servirlos.

Ponga la mantequilla blanda en un cuenco pequeño. Incorpore
el ajo, el cilantro y el perejil y salpimiente la mezcla al gusto.
Abra las pitas haciendo un corte en el borde y úntelas con
1 cucharadita de la mezcla de mantequilla.

Envuelva las pitas en papel de aluminio y póngalas en el horno
(precalentado a 180 °C) durante 8-10 minutos hasta que estén
calientes y la mantequilla se haya derretido. Sirva las gambas
acompañadas de las pitas.

**Para preparar las cazuelitas de gambas al estilo
tradicional**, derrita 200 g de mantequilla en una cazuela.
Retírela del fuego y añada 1 pizca de macis rallada,
1 pizca de nuez moscada rallada y 1 pizca de pimentón.
Incorpore después 200 g de gambas cocidas peladas,
salpimiéntelo todo al gusto y ponga la mezcla en pequeños
cuencos. Déjelos enfriar en el frigorífico. Finalmente sirva
las gambas acompañadas de masa fermentada tostada.

sopas y estofados

sopa de cebolla y judías blancas con gambas

4 raciones
tiempo de preparación
25 minutos
tiempo de cocción **20 minutos**

2 cucharadas de **aceite de oliva**
10 **cebollas tiernas**, troceadas
    (y unas cuantas picadas
    para decorar)
1 **diente de ajo**, troceado
unas **hojas de tomillo**
2 botes de 400 g de **judías
    blancas**, escurridas y aclaradas
750 ml de **caldo de pollo**
    o de **pescado**
100 ml de **nata para montar**
20 g **langostinos jumbo**, crudos
    pelados y sin el intestino
sal y **pimienta**
2 cucharadas de **cebollino**
    picado, para decorar

Caliente 1 cucharada de aceite en una cazuela. Añada las cebollas tiernas troceadas, el ajo y las hojas de tomillo y fríalas a fuego suave hasta que las cebollas estén blandas. Agregue las judías, el caldo y la nata. Llévelo a ebullición, reduzca el fuego y deje cocer la sopa a fuego lento durante 5 minutos.

Vierta la sopa en una licuadora o una picadora y tritúrelo todo hasta obtener un líquido uniforme. Si es un poco denso, añada un poco más de nata o de caldo. Salpimiente la sopa al gusto.

Caliente una sartén a fuego fuerte y añada el aceite restante. Salpimiente las gambas, fríalas en la sartén durante 4 minutos o hasta que presenten un tono rosado.

Apile las gambas en el interior de 4 cuencos y vierta la sopa por encima. Decore el plato con unas cebollas tiernas picadas y el cebollino.

Para preparar vieiras con puré de judías blancas, caliente un poco de aceite de oliva en una cazuela. Sofría 1 cebolla tierna picada y 1 diente de ajo majado. Añada 2 botes de 400 g de judías blancas escurridas y aclaradas y 50 ml de nata para montar y caliéntelo bien. Vierta la mezcla en una licuadora o una picadora y píquelo todo hasta obtener un puré espeso y uniforme. Ajuste el espesor al gusto. Posiblemente tendrá que añadir un poco más de nata. Salpimiente el puré al gusto. Caliente 1 cucharada de aceite de oliva en una sartén a fuego muy fuerte. Salpimiente 12 vieiras limpias y añada un poco de curry en polvo. A continuación, fríalas durante 1 minuto por cada lado. Sirva las vieiras sobre una base de puré acompañadas de un poco de roqueta aliñada con un poco de zumo de limón y aceite de oliva.

estofado de rape con especias y garbanzos

4 raciones
tiempo de preparación
10 minutos
tiempo de cocción **20 minutos**

2 cucharadas de **aceite vegetal**
1 **cebolla**, picada
2 **dientes de ajo**, majados
¼ de cucharadita de **chile en polvo**
1 cucharada de **curry en polvo**
¼ de cucharadita de **cúrcuma**
1 cucharada de **puré de tomate**
2 botes de 400 g de **tomates**
100 ml de **caldo de pollo**
   o **de pescado** (*véase* pág. 15)
750 g de **cola de rape**,
   cortada en trozos grandes
1 bote de 400 g de **garbanzos**,
   escurridos
1 cucharada de *chutney*
   de mango casero
   (*véase* pág. 122)
4 cucharadas de **yogur natural**
1 buen puñado de **hojas de cilantro**
sal y **pimienta**

Caliente el aceite en una cazuela grande. Añada la cebolla y fríala a fuego lento hasta que esté blanda pero no dorada. Incorpore el ajo, el chile en polvo, el curry en polvo y la cúrcuma y fríalo todo durante 2 minutos hasta que las especias empiecen a desprender su aroma. Agregue el puré de tomate, los tomates y el caldo y llévelo a ebullición. Reduzca el fuego y déjelo cocer a fuego lento durante 10 minutos. Si el estofado se seca demasiado, añada un poco más de caldo.

Añada el rape y los garbanzos y llévelo a ebullición. Reduzca el fuego y déjelo cocer a fuego lento durante 5 minutos o hasta que el rape esté cocido. Finalmente incorpore el *chutney* de mango y salpimiente al gusto. Sirva el estofado en cuencos y ponga 1 cucharada de yogur natural y unas hojas de cilantro encima.

Para preparar chapatis con comino e hinojo para acompañar el estofado, tamice 100 g de harina y 100 g de harina integral, desechando los trozos de salvado que queden en el colador. Tueste 1 cucharada de semillas de comino y 1 cucharada de semillas de hinojo en una sartén y después macháquelas en un mortero. Añada las especias machacadas a la harina junto con una buena pizca de sal. Incorpore agua poco a poco hasta obtener una pasta homogénea. Envuelva la masa en film transparente y déjela reposar durante 1 hora. Caliente una sartén a fuego fuerte. Divida la masa en 8 trozos y forme pequeñas bolas. Extienda 1 bola con un rodillo hasta obtener un delgado círculo. Tuéstelo en la sartén durante 40 segundos, dándole la vuelta unas cuantas veces. Repita el proceso con el resto de la masa. Mantenga los chapatis calientes en un trapo limpio.

sopa de cangrejo con picatostes al ajo

4 raciones
tiempo de preparación
12 minutos
tiempo de cocción **40 minutos**

el caparazón de 2 **cangrejos**
  grandes
4 cucharadas de **aceite de oliva**
1 **cebolla**, picada
2 **zanahorias**, picadas
2 **tallos de apio**, picados
1 **hoja de laurel**
2 cucharadas de **coñac**
4 **tomates** maduros, picados
2 cucharaditas de **puré
  de tomate**
1 l de **caldo de pescado**
  (*véase* pág. 15)
2 **dientes de ajo**, picados
4 rebanadas gruesas de **pan
  blanco**, sin corteza y cortado
  en cubos de 1 cm
100 ml de **nata para montar**
1 pizca de **pimienta de cayena**
sal y **pimienta**

Rompa los caparazones de cangrejo con el lomo de un cuchillo grande y un mazo.

Caliente 2 cucharadas de aceite en una cazuela grande. Añada la cebolla, las zanahorias, el apio y la hoja de laurel y fríalos hasta que estén blandos pero no lleguen a dorarse. Incorpore los trozos de caparazón y fríalo todo durante 2-3 minutos. A continuación, agregue el coñac, los tomates y el puré de tomate.

Vierta el caldo y llévelo a ebullición. Reduzca el fuego y déjelo cocer a fuego lento durante 30 minutos.

Caliente el aceite restante en una sartén y añada el ajo. Fríalo durante 1 minuto para dar sabor al aceite y después retírelo de la sartén. Ponga los dados de pan en la sartén y fríalo hasta que esté dorado y crujiente.

Retire las pinzas de la cazuela. Coloque el resto del caparazón y el líquido en una licuadora o una picadora por fases y tritúrelo todo hasta que los trozos de caparazón sean de aproximadamente de 1 cm. Pase el líquido y el caparazón por un colador fino con un trozo de muselina dentro.

Vuelva a verter el líquido en una cazuela limpia y llévelo a ebullición. A continuación añada la nata y la pimienta de cayena. Si considera que el sabor no es lo suficientemente intenso, deje cocer la sopa a fuego lento para que se reduzca. Salpiméntela al gusto y sírvala en cuencos. Finalmente incorpore los picatostes al ajo.

sopa de abadejo ahumado

4 raciones
tiempo de preparación
15 minutos
tiempo de cocción **30 minutos**

4 **panecillos blancos**
 redondos, grandes
1 **huevo**, ligeramente batido
50 g de **mantequilla**
8 **cebollas tiernas**, picadas
1 **diente de ajo**, majado
2 **patatas cerosas**, peladas
 y cortadas en dados
350 ml de **leche**
200 ml de **nata para montar**
200 ml de **caldo de pescado**
 (*véase* pág. 15)
250 g de **maíz dulce**
 en lata, escurrido
500 g de **abadejo ahumado**,
 sin piel y cortado en trozos
 grandes
1 cucharada de **aceite de oliva**
8 lonchas de **tocino**, troceadas
2 cucharadas de **perejil**, picado
sal y **pimienta**

Corte la parte superior de los panecillos y vacíe su interior. Guarde las tapas. Coloque los panecillos en una bandeja para el horno e introdúzcala en el horno (precalentado a 160 °C). Deje cocer los panecillos durante 25 minutos hasta que estén secos y crujientes. Unte la parte interior de los panecillos con el huevo. Vuelva a poner los panecillos en el horno durante otros 5 minutos para que se seque el huevo. Retírelos del horno y resérvelos aparte.

Caliente la mantequilla en una cazuela grande. Añada las cebollas tiernas y fríalas hasta que estén blandas. Incorpore el ajo y las patatas y fríalos durante 1 minuto. Vierta la leche, la nata y el caldo y lleve la sopa a ebullición. Reduzca el fuego y déjela cocer a fuego lento durante 10 minutos.

Añada el maíz dulce y el abadejo ahumado y déjelo cocer a fuego lento durante otros 5 minutos hasta que el pescado esté cocido. Salpimiente al gusto.

Caliente el aceite en una sartén y fría el tocino hasta que esté crujiente. Coloque los panecillos en cuencos poco profundos. Vierta la sopa dentro de los panecillos y ponga unos trozos de tocino y unas hojas de perejil por encima.

Para preparar una sopa de almejas, siga los pasos de la receta, pero sustituyendo el abadejo por 1 kg de almejas limpias (*véase* pág. 12). Caliente una cazuela a fuego fuerte y añada 100 ml de vino blanco. Incorpore las almejas, tape la cazuela y déjelas cocer hasta que se abran (deseche las que no se hayan abierto). Cuele las almejas y saque la mitad de ellas de la concha. Añada las almejas sin concha a la sopa junto con el maíz y las almejas con concha. Sirva la sopa como se indica en la receta.

caldo de verduras y lubina

4 raciones

tiempo de preparación
 5 minutos

tiempo de cocción **7-8 minutos**

750 ml de **caldo de pollo**
 o **de verduras**, de buena
 calidad
2 cucharadas de **aceite de oliva**
4 **filetes de lubina** de 200 g
 cada uno, con piel y sin espinas
1 **bulbo** de hinojo, cortado
 en 8 trozos (guardar los tallos)
12 **yemas de espárragos**, finos
150 g de **guisantes**
 descongelados
150 g de **habas**, peladas
1 puñadito de **hojas de menta**,
 troceadas
1 puñadito de **hojas**
 de albahaca, troceadas
sal y **pimienta**

Vierta el caldo en una cazuela y llévelo a ebullición.

Caliente el aceite en una sartén. Salpimiente la lubina al gusto y colóquela, con la piel hacia abajo, en la sartén. Déjela cocer durante 3-4 minutos hasta que la piel esté crujiente. A continuación dé la vuelta a los filetes y cuézalos durante 1 minuto por el otro lado.

Mientras, incorpore el hinojo al caldo y déjelo cocer durante 3 minutos o hasta que empiece a reblandecerse. Añada los espárragos, los guisantes y las habas a la cazuela y déjelo cocer todo durante 1-2 minutos más. Salpimiente el caldo al gusto.

Sirva el caldo de verduras en 4 cuencos y espolvoréelos con unas hojas de menta y albahaca. Finalmente coloque los filetes de lubina sobre el caldo y decore el plato con los tallos del hinojo. Sírvalo.

Para preparar caldo tailandés con gambas, pele y quite el intestino de 500 g de langostinos crudos. Guarde las cabezas y la piel. Caliente 750 ml de caldo de pescado (*véase* pág. 15) o de caldo de pollo en una cazuela. Añada la piel y las cabezas de gamba, 2 tallos de citronela picada, 1 trozo de 5 cm de raíz de jengibre fresco, 1 chile rojo seco y 2 hojas de lima kaffir. Deje cocer el caldo a fuego lento durante 30 minutos. Cuele el caldo y vuelva a verterlo en una cazuela limpia. Añada las gambas y déjelo pochar durante 3-4 minutos hasta que estén cocidas. Agregue 125 g de guisantes dulces en el último minuto.

estofado de tomate
con almejas y chorizo

4 raciones
tiempo de preparación
15 minutos
tiempo de cocción
20-25 minutos

300 g de **chorizo**, troceado
1 cucharadita de **semillas
de cilantro**, machacadas
1 cucharada de **semillas
de hinojo**, machacadas
1 **cebolla**, picada
1 **chile rojo**, sin semillas
y picado
2 **dientes de ajo**, majados
50 ml de **vino blanco**
400 g de **tomates**
en lata, picados
200 ml de **caldo de pescado**
(*véase* pág. 15)
500 g de **almejas**, limpias
(*véase* pág. 12)
unas **hojas de albahaca**,
para decorar

Caliente una cazuela grande a fuego fuerte. Añada el chorizo
y fríalo hasta que desprenda su propia grasa y empiece
a adquirir color. Retire el chorizo de la cazuela dejando
la grasa derretida en la cazuela y resérvela aparte.

Fría las semillas de cilantro y las semillas de hinojo
en el aceite del chorizo durante 1 minuto y a continuación
añada la cebolla y el chile y fríala hasta que la cebolla esté
blanda pero todavía no esté dorada. Agregue el ajo y fríalo
durante 1 minuto. Vierta el vino y déjelo hervir hasta que sólo
quede 1 cucharada de líquido. Agregue los tomates y el caldo.
Lleve el caldo a ebullición e incorpore el chorizo a la cazuela.
Incorpore después las almejas, tape la cazuela y déjelo
cocer todo hasta que las almejas se hayan abierto (deseche
las que no se hayan abierto).

Sirva el caldo en 4 cuencos y decórelos con unas hojas
de albahaca. Sirva el caldo acompañado de pan crujiente.

**Para preparar un estofado picante de alubias y judías
y pez de san Pedro frito**, siga los pasos de la receta
prescindiendo de las almejas y el chorizo y añada 400 g
de alubias de bote y 400 g de judías de bote escurridas.
Fría los filetes de 2 peces de san Pedro y sírvalos
acompañados del estofado de alubias y judías.

estofado de sepia

4 raciones

tiempo de preparación
15 minutos

tiempo de cocción **1 hora y 10 minutos**

2 cucharadas de **aceite de oliva**

1 **cebolla**, picada

1 **bulbo de hinojo**, picado

2 **dientes de ajo**, majados

1 cucharada de **pimentón ahumado**

1 cucharada de **pimentón**

2 cucharadas de **puré de tomate**

2 latas de 400 g de **tomates**, troceados

150 ml de **vino tinto**

1 kg de **sepia**, lavada y cortada en tiras

400 g de **judías blancas** de bote, escurridas

1 cucharadita de **azúcar extrafino** (opcional)

2 cucharadas de **perejil**, picado

Caliente el aceite en una cazuela grande. Añada la cebolla y el hinojo y fríalos hasta que la cebolla esté blanda pero no llegue a estar dorada. Agregue el ajo y el pimentón y fríalos durante 1 minuto más. Incorpore el puré de tomate, los tomates, el vino y la sepia. Lleve el estofado a ebullición. Reduzca el fuego, tape la cazuela y déjelo cocer a fuego lento durante 1 hora o hasta que la sepia esté tierna. Si el plato se seca, añada un poco de agua o de caldo.

Añada las judías blancas y caliéntelas bien. Pruebe el estofado y añada el azúcar si es necesario. Finalmente, incorpore el perejil y sirva el estofado acompañado de pan crujiente caliente o puré de patatas con limón y perejil (*véase* inferior).

Para preparar puré de patatas con limón y perejil para acompañar el estofado, pele 4 patatas harinosas y córtelas en trozos. Hiérvalas en agua ligeramente salada hasta que estén tiernas. Déjelas escurrir y machaquelas. Añada 125 g de mantequilla y suficiente nata hasta obtener un puré realmente cremoso. Espolvoree el puré con la cáscara rallada de 1 limón y 2 cucharadas de perejil picado. Salpimiéntelo al gusto.

sopa de wontones de gambas y cerdo

4 raciones
tiempo de preparación
25 minutos
tiempo de cocción
5-6 minutos

100 g de **carne de cerdo picada**
150 g de **gambas crudas peladas**
4 **cebollas tiernas**, picadas
1 **diente de ajo**
1 trozo de 1 cm de **raíz de jengibre fresco**, pelada y picada
1 cucharada de **salsa de ostras**
20 **láminas de wontón**
750 ml de **caldo de pollo**
1 **col rizada**, cortada en juliana
1-2 cucharadas de **salsa de pescado tailandesa**

para **acompañar**
las hojas de 1 manojo de **cilantro**, pequeño
1 cucharada de **semillas de sésamo**
1 **lima**, cortada en rodajas (opcional)

Ponga la carne de cerdo, las gambas, 2 cebollas tiernas, el ajo, el jengibre y la salsa de ostras en una picadora y tritúrelos hasta formar una pasta.

Ponga 1 cucharadita de la mezcla de gambas y cerdo en el centro de 1 de las láminas de wontón. Humedezca los bordes con un poco de agua y pliegue la lámina formando un pequeño fajo. Repita el proceso con el resto de las láminas.

Lleve el caldo a ebullición en una cazuela grande. Reduzca el fuego, añada las láminas de wontón y déjelas cocer a fuego lento durante 4-5 minutos. Retire 1 de las láminas de la cazuela y compruebe que esté firme, lo que indicará que está cocida.

Añada la col rizada a la cazuela y déjela cocer durante 1 minuto. Condimente el caldo con la salsa de pescado.

Sirva la sopa en 4 cuencos, decórela con unas hojas de cilantro y una rodaja de lima y esparza unas semillas de sésamo por encima.

Para preparar wontones con sésamo y salsa de soja,

prepare los wontones como se indica en la receta y cuézalos al vapor en una vaporera de bambú durante 5 minutos. Retire los wontones de la vaporera y espolvoree 2 cucharadas de semillas de sésamo por encima. Prepare una salsa para mojar mezclando 3 cucharadas de salsa de soja clara, 2 cucharadas de raíz de jengibre fresco rallada, 1 chile rojo cortado en rodajas y 1 cucharada de salsa de pescado tailandesa.

sopa tailandesa de coco

4 raciones
tiempo de preparación
   20 minutos
tiempo de cocción **15 minutos**

200 g de **fideos de arroz
   deshidratados**
3 cucharadas de **aceite vegetal**
2 **chalotas**, bien picadas
1 **chile verde**, sin semillas
   y bien picado
2 **tallos de citronela**
   (sólo las ²/₃ partes inferiores)
   bien picados
1 trozo de 5 cm de **raíz
   de jengibre fresco**,
   pelada y rallada
400 ml de **leche de coco**
300 ml de **caldo de pollo**
2 cucharadas de **salsa de
   pescado tailandesa**
el zumo de 1 ½ **limas**
1 cucharadita de **azúcar moreno**
400 g de **colas de rape**,
   cortadas en trozos grandes
250 g de **mejillones**, lavados
   y sin barbas (*véase* pág. 12)
4 **filetes de salmonete**,
   sin espinas
sal y **pimienta**

Ponga los fideos en un cuenco hermético y cúbralos de agua hirviendo. Déjelos reposar durante 5 minutos y escúrralos.

Caliente 2 cucharadas de aceite en una cazuela grande. Añada las chalotas, el chile, la citronela y el jengibre y fríalos a fuego suave hasta que las chalotas se reblandezcan. Incorpore la leche de coco y el caldo y llévelo a ebullición. Reduzca el fuego y déjelo cocer a fuego lento durante 5 minutos para que se mezclen los sabores. Condimente la sopa con la salsa de pescado, el zumo de 1 lima y el azúcar. Añada los fideos escurridos y el rape a la sopa y déjelo cocer todo durante 2 minutos. Deseche los mejillones que no se cierren al golpetearlos y añada el resto a la sopa. Déjelos cocer hasta que se abran y el rape esté firme.

Mientras, caliente el aceite restante en una sartén. Salpimiente los salmonetes y fríalos, con la piel hacia abajo, durante 3 minutos o hasta que la piel esté crujiente. Dele la vuelta a los filetes y cuézalos por el otro lado durante 1 minuto. Exprima el resto del zumo de lima sobre el pescado.

Sirva la sopa en 4 cuencos, desechando los mejillones que no se hayan abierto, y finalmente añada los filetes de salmonete.

Para preparar caldo de mejillones en azafrán, sofría 1 cebolla bien picada y 2 dientes de ajo picados en una cazuela con un poco de aceite. Añada un vaso grande de vino blanco, una pizca de hebras de azafrán y 1,5 kg de mejillones lavados y sin barbas (desechando los cerrados). Tape y deje cocer los mejillones hasta que se abran (deseche los que no se abran). Remueva los mejillones una o dos veces mientras se cuecen. Añada 200 ml de nata para montar y un buen puñado de perejil picado. Mézclelo todo bien y sazónelo al gusto.

ensaladas y entrantes

salmón a la plancha con ensalada de aguacate

4 raciones
tiempo de preparación
  15 minutos
tiempo de cocción
  10-12 minutos

2 cucharadas de **aceite de oliva**
4 trozos de **filete de salmón**
  de unos 200 g cada uno,
  con piel y sin espinas
1 **naranja**, grande
2 cucharadas de **aceite
  de oliva virgen extra**
sal y **pimienta**

para la **ensalada de aguacate**
2 **aguacates** maduros, pelados
  y cortados en dados de 1 cm
1 **chile rojo**, sin semillas
  y picado
el zumo de 1 **lima**
1 cucharada de **cilantro**,
  troceado
1 cucharada de **aceite de oliva**

Caliente una sartén pequeña a fuego fuerte. Cuando esté caliente, añada el aceite de oliva. Salpimiente el salmón y póngalo, con la piel hacia abajo, en la sartén. Déjelo cocer durante 4 minutos, dele la vuelta y déjelo cocer por el otro lado durante 2 minutos más.

Caliente otra sartén pequeña. Corte la naranja por la mitad y coloque las dos mitades, con la parte de la pulpa hacia abajo, en la sartén. Chamusque las naranjas hasta que empiecen a ennegrecerse. Retírelas de la sartén y exprima el zumo dentro de ella. Lleve el zumo a ebullición y déjelo reducir hasta que sólo quede 1 cucharada de líquido. Añada el aceite de oliva virgen extra y salpimiente al gusto.

Ponga los aguacates en un cuenco. Añada el resto de ingredientes y condiméntelos con sal y pimienta.

Coloque la ensalada de aguacate en el centro de cada plato con una cuchara. Ponga 1 trozo de salmón encima y rocíelo todo con un chorrito de vinagreta de naranja.

Para preparar un cuscús de salmón y naranja, fría
4 filetes de salmón como en la receta. Lleve 400 ml de zumo de naranja recién exprimido a ebullición en una cazuela con 2 cucharadas de uvas pasas. Ponga 300 g de cuscús en un cuenco antitérmico y rocíe el zumo de naranja por encima. Tape el cuenco con film transparente y deje que se cocine al vapor durante 5 minutos. Finalmente, separe los granos con un tenedor. Añada 1 cucharada de aceite de oliva, 1 buen puñado de cilantro picado y 2 cucharadas de piñones. Sírvalo con *crème frâiche* y el salmón caliente.

platija con ensalada de hinojo

4 raciones

tiempo de preparación
20 minutos

tiempo de cocción **5-10 minutos**

para la **ensalada**

1 **bulbo de hinojo** cortado
en rodajas finas

200 g de **guisantes
descongelados**

200 g de **habas**, peladas

5 **rábanos**, cortados
en rodajas finas

75 g de **berros**

para el **aliño**

1 cucharada de **mostaza
en grano**

1 cucharadita de **miel líquida**

1 cucharada de **vinagre
de vino blanco**

3 cucharadas de **aceite de oliva**

sal y **pimienta**

para el **pescado**

2 cucharadas de **aceite de oliva**

4 **filetes de platija**, con piel
y sin espinas

2 cucharadas de **harina**,
condimentada con sal
y pimienta

1 **limón**

Ponga el hinojo en un cuenco junto con los guisantes, las habas, los rábanos y los berros.

Prepare el aliño mezclando la mostaza, la miel, el vinagre y el aceite. Salpimiéntelo al gusto. Añada suficiente aliño a la ensalada como para que los ingredientes queden bien recubiertos. Reserve aparte mientras cocina la platija.

Caliente un poco de aceite en una sartén muy caliente y enharine los filetes de platija. Ponga los filetes, con la piel hacia abajo, en la sartén. Déjelos cocer durante 3 minutos por el lado de la piel. Deles la vuelta y déjelos cocer por el otro lado otros 2 minutos. (Dependiendo del tamaño de la sartén, es posible que tenga que cocer el pescado en 2 fases). Cuando el pescado esté cocido, rocíelo con un poco de zumo de limón y sírvalo acompañado de la ensalada de hinojo.

Para preparar salmón picante con miel y mostaza, mezcle 1 cucharada colmada de mostaza en grano y 2 cucharadas de miel líquida. Vierta la mezcla sobre 4 filetes de salmón sin piel y póngalos en el horno (precalentado a 180 °C. Déjelos cocer durante 8-10 minutos o hasta que estén cocidos. Sirva el pescado acompañado de patatas nuevas asadas con mantequilla.

caballa con remolacha cocida

4 raciones
tiempo de preparación
15 minutos
tiempo de cocción **1 hora
y 5 minutos**

4 **caballas** pequeñas, fileteadas
1 cucharada de **aceite de oliva**
sal y **pimienta**

para la **remolacha**
2 **remolachas crudas**, grandes
2 **dientes de ajo**, cortados
en láminas
4 **ramitas de tomillo**
2 cucharadas de **aceite de oliva**
(y un poco para rociar)

para la **crema de rábano
picante** (opcional)
150 ml de *crème frâiche*
2 cucharadas de **mahonesa**
2 cucharadas de **cebollino**,
picado
1-2 cucharadas de **puré
de rábano picante**

Lave bien las remolachas. Envuélvalas en papel de
aluminio junto con el ajo, el tomillo, sal y pimienta al gusto
y aceite. Póngalas en el horno (precalentado a 180 °C) y
déjelas cocer aproximadamente durante 1 hora hasta que
estén cocidas y se pueda clavar un chuchillo hasta el centro
con facilidad. Cuando se hayan enfriado lo suficiente como
para manipularlas, pélelas. Córtelas en trozos pequeños,
rocíelos con un poco de aceite y salpimiéntelos.
Resérvelos aparte.

Mezcle todos los ingredientes de la crema de rábano
picante (si va a prepararla) y salpimiéntela al gusto.

Ponga el pescado en una bandeja para el horno antiadherente,
con la piel hacia arriba. Unte la piel con el aceite y salpimiéntelo
al gusto. Deje gratinar el pescado en el horno hasta que la piel
esté crujiente (durante unos 3 minutos). Dele la vuelta con
cuidado y déjelo gratinar otros 2 minutos por el otro lado.

Sirva la caballa con la remolacha asada y la crema de rábanos
picantes (si la ha preparado).

Para preparar paté de caballa ahumada, ponga
300 g de caballa ahumada sin piel en una trituradora
junto con 3 cucharadas de *crème frâiche* y 2 cucharadas
de salsa de rábano picante. Píquelo bien todo hasta
que forme una pasta uniforme. Añada después zumo
de limón al gusto y salpimiente la mezcla. Sirva el paté
acompañado de unas tostadas.

ostras a la mostaza

4 raciones

tiempo de preparación
25 minutos

tiempo de cocción **15 minutos**

12 **ostras**

1 cucharadita de **semillas de mostaza**

75 g de **mantequilla**

2 **chalotas**, picadas

½ **rama de apio**, picada

1 **diente de ajo**, majado

1 cucharada de **vinagre de vino blanco**

1 cucharadita de **salsa de tabasco**

1 cucharada de **cebollino**, picado

1 cucharada de **perejil de hoja plana**, picado

mucha **sal marina** y **pimienta**

Envuelva una ostra en un paño grueso y resistente, con la parte redondeada de la concha hacia abajo. Clave un cuchillo, preferiblemente uno para ostras, en el hueco del extremo articulado. Gire el cuchillo para romper el músculo y separar las conchas.

Deseche la concha superior. Pase la hoja del cuchillo por debajo de la ostra para desprenderla. Sujete bien la concha para evitar que se derrame el líquido del interior. Ponga la ostra en una parrilla cubierta con una capa de sal para evitar que las conchas vuelquen. Repita el proceso con el resto de las ostras.

Tueste las semillas de mostaza en una sartén sin aceite hasta que empiecen a reventar. Añada la mantequilla, las chalotas y el apio y fríalos durante 3 minutos. Incorpore el ajo y un poco de sal y pimienta y fríalo todo otros 2 minutos. Agregue el vinagre, la salsa de tabasco y dos terceras partes de las hierbas aromáticas.

Ponga 1 cucharada de la mezcla sobre cada una de las ostras y déjelas gratinar en el horno (precalentado) durante 5-8 minutos o hasta que las ostras estén firmes. Sirva las ostras espolvoreadas con el resto de las hierbas aromáticas.

Para preparar ostras con salsa Bloody Mary, abra las ostras como en la receta. Vierta el jugo en un cuenco pequeño y colóquelo en una fuente cubierta de sal marina. Mezcle 6 cucharadas de zumo de tomate con el jugo de las ostras. Añada un chorrito de zumo de limón y un chorrito de salsa de tabasco y de salsa Worcestershire. Mézclelo bien. Pruebe el aliño. Vierta un poco de la mezcla de tomate dentro de cada ostra y esparza un poco de sal de apio por encima. Sirva las ostras inmediatamente.

bacalao con tostadas de tomate asado

4 raciones
tiempo de preparación
  15 minutos
tiempo de cocción **1 hora
  y 15 minutos**

4 **tomates** maduros, cortados
  por la mitad
unas ramitas de **tomillo**
2 cucharadas de **aceite de oliva**
4 **filetes de bacalao** de unos
  200 g cada uno, con piel
  y sin espinas
4 rebanadas de **pan de chapata**
1 **diente de ajo**
sal y **pimienta**

para el **aliño**
1 buen puñado de **albahaca**
4 cucharadas de **aceite de oliva**
2 cucharadas de **queso
  parmesano**, recién rallado
  y unas virutas para decorar
  (opcional)

Ponga los tomates en una bandeja para el horno, salpimiéntelos, esparza unas ramitas de tomillo por encima y rocíelos con 1 cucharada de aceite. Áselos en el horno (precalentado a 160 ºC) durante 1 hora hasta que estén blandos. Suba la temperatura del horno a 180 ºC. Sazone el bacalao y áselo junto con los tomates en el horno durante 10-12 minutos o hasta que el pescado esté cocido y los tomates se hayan reblandecido.

Unte ambos lados de las rebanadas de pan con el aceite restante. Caliente una parrilla y tueste el pan hasta que esté dorado por ambos lados. A continuación frote las rebanadas con el diente de ajo por los dos lados.

Ponga todos los ingredientes del aliño en el recipiente de la picadora y tritúrelos hasta obtener una pasta uniforme. También puede triturar los ingredientes con una batidora de mano.

Coloque los tomates sobre las tostadas y sírvalas acompañadas del bacalao. Rocíe el plato con un poco del aliño y decórelo con unas virutas de parmesano.

Para preparar un plato de pasta con bacalao asado y tomate, mientras los tomates y el bacalao se están asando como en la receta, cueza 300 g de pasta deshidratada siguiendo las indicaciones del envase. Escurra la pasta. Corte los tomates asados en pequeños trozos y desmenuce el bacalao. Añada el bacalao y los tomates a la pasta caliente junto con un poco del aliño, preparado como se indica en la receta.

ensalada de bacalao crujiente y chorizo

4 raciones

tiempo de preparación
15 minutos, más tiempo
de remojo

tiempo de cocción **20 minutos**

1 trozo de 500 g de **bacalao**,
salado

225 g de **chorizo**, cortado
en lonchas

1 **pimiento rojo**, sin semillas
y cortado en rodajas finas

3 puñados generosos de **hojas
de ensalada variadas**

3 **cebollas tiernas**, cortadas
en rodajas finas

200 g de **guisantes
descongelados**

1 **rama de apio**, cortado
en rodajas finas

para el **aliño**

1 cucharada de **mostaza
en grano**

1 cucharadita de **miel líquida**

4 cucharadas de **aceite de oliva**

1 cucharada de **zumo de limón**

sal y **pimienta**

Ponga el bacalao en remojo en agua caliente durante por lo menos 8 horas, cambiando el agua frecuentemente. Coloque el bacalao desalado en una cazuela y cúbralo de agua fría. Llévela a ebullición, reduzca el fuego y déjelo cocer a fuego lento 5 minutos. Retire el bacalao de la cazuela. Cuando se haya enfriado lo suficiente, desmenúcelo en trozos grandes, retirando las espinas y la piel. Resérvelo aparte.

Caliente una sartén grande a fuego medio. Añada el chorizo y déjelo cocer durante 2 minutos hasta que esté dorado. Gire el chorizo y agregue el bacalao. Deje cocer el bacalao y el chorizo hasta que estén crujientes. Retírelos de la sartén con una espumadera, dejando la grasa del chorizo en la sartén. Fría el pimiento rojo en la grasa del chorizo 2 minutos. Retírelo.

Mezcle las hojas de ensalada, las cebollas tiernas, los guisantes y el apio. Mezcle bien los ingredientes del aliño. Añada el aliño necesario como para que todos los ingredientes de la ensalada queden recubiertos.

Ponga la ensalada aliñada en una fuente y esparza el chorizo, el bacalao y el pimiento rojo por encima.

Para preparar bacalao salado con garbanzos, roqueta y tomate, desale el bacalao como en la receta y córtelo en trozos de 5 cm. Caliente 1 cucharada de aceite de oliva en una sartén. Añada 300 g de tomates cherry cortados por la mitad y 1 diente de ajo majado. Déjelo cocer hasta que los tomates se ablanden y empiecen a desmenuzarse. Incorpore un bote de 400 g de garbanzos escurridos y 2 puñados de roqueta. Salpimiente al gusto. Caliente un poco más de aceite de oliva en otra sartén y fría el bacalao hasta que esté crujiente. Mezcle el bacalao con los tomates y los garbanzos. Sirva con pan crujiente.

roulade de salmón y berros

4-6 raciones
tiempo de preparación
   30 minutos, más tiempo
   de enfriado y refrigerado
tiempo de cocción
   25-30 minutos

40 g de **mantequilla**
40 g de **harina**
250 ml de **leche**
4 **huevos**, separados
75 g de **berros**, troceados
   (y unas cuantas hojas
   para decorar)
la ralladura de **1 lima**
3 cucharadas de **queso**
   parmesano, recién rallado
sal y **pimienta**
unas **rodajas de lima**,
   para decorar (opcional)

para el **relleno**
300 g de **filetes de salmón**,
   sin espinas y cortados
   por la mitad
200 ml de *crème frâiche*
2 cucharadas de **zumo de lima**,
   recién exprimido
sal y **pimienta**

Cubra una fuente de 23 × 30 cm con papel sulfurizado.

Derrita la mantequilla en una cazuela, añada la harina y déjela cocer durante 1 minuto. Incorpore poco a poco la leche, sin parar de remover, y llévelo a ebullición. Remueva hasta que el líquido haya espesado. Retire la cazuela del fuego y añada las yemas de huevo, los berros, la ralladura de lima y sal y pimienta. Déjelo enfriar durante 15 minutos.

Bata las claras de huevo a punto de nieve. Añada 1 cucharada colmada a la salsa fría para rebajar la mezcla. A continuación añada el resto de las claras batidas. Vierta la mezcla en una fuente, reduciendo la cantidad en las esquinas.

Ase el *roulade* en el horno (precalentado a 180 °C) durante 15-20 minutos hasta que se hinche, esté dorado y la parte superior esté esponjosa. Cúbralo con un paño limpio y déjelo enfriar durante al menos 1 hora.

Mientras, cueza el salmón al vapor durante 8-10 minutos hasta que esté cocido. Déjelo enfriar. Quítele la piel, desmenúcelo y deseche las espinas. Bata la *crème frâiche* junto con el zumo de lima y sal y pimienta abundantes.

Ponga un trozo grande de papel sulfurizado sobre la superficie de trabajo y espolvoree el parmesano por encima. Saque el *roulade* de la fuente. Retírela y quite el papel.

Extienda la mezcla de *crème frâiche* sobre el *roulade* y después coloque el salmón encima. Enrolle el *roulade*, empezando por el lado más cercano a usted, ayudándose con el papel. Colóquelo en el frigorífico al menos 30 minutos y después córtelo en rodajas gruesas. Sírvalo decorado con unas hojas de berro y con unas rodajas de lima.

ensalada *niçoise* de caballa y arroz salvaje

3-4 raciones

tiempo de preparación
20 minutos, más tiempo
de enfriado
tiempo de cocción **25 minutos**

100 g de **arroz salvaje**
150 g de **judías verdes**,
cortadas por la mitad
300 g de **filetes grandes
de caballa**, sin espinas
6 cucharadas de **aceite de oliva**
12 **aceitunas negras**
8 **filetes de anchoa** en aceite,
escurridos y cortados
por la mitad
250 g de **tomates cherry**,
cortados por la mitad
3 **huevos duros**, cuarteados
1 cucharada de **zumo de limón**
1 cucharada de **mostaza
francesa**
2 cucharadas de **cebollino
picado**
sal y **pimienta**

Cueza el arroz en abundante agua hirviendo durante 20-25 minutos o hasta que esté tierno. (Los granos empezarán a abrirse cuando estén cocidos). Añada las judías tiernas y déjelas cocer durante 2 minutos.

Mientras, extienda la caballa en una rejilla cubierta con papel de aluminio y úntela con 1 cucharada de aceite. Gratínela en el horno (precalentado) durante 8-10 minutos o hasta que esté cocida. Déjela enfriar.

Escurra el arroz y las judías y mézclelos bien en una ensaladera con las aceitunas, las anchoas, los tomates y los huevos. Desmenuce la caballa, desechando las posibles espinas, y añádala a la ensaladera.

Mezcle el aceite restante con el zumo de limón, la mostaza, el cebollino y un poco de sal y pimienta y vierta la mezcla en la ensaladera. Mezcle ligeramente los ingredientes, tape la ensaladera y guárdela en el frigorífico hasta el momento de servirla.

Para preparar una ensalada *niçoise* con atún fresco y arroz salvaje, sustituya la caballa por 4 filetes de atún fresco de 200 g cada uno. Fríalos en un poco de aceite de oliva durante 2-3 minutos por cada lado, de modo que la parte central quede rosada. Complete la receta siguiendo los pasos anteriores.

paté de atún con masa fermentada tostada

4 raciones

tiempo de preparación
10 minutos

tiempo de cocción **5 minutos**

2 latas de 185 g de **atún al natural**

3 cucharadas de **mahonesa**

1 cucharada de **kétchup**

2 cucharadas de **zumo de limón**

1 cucharada de **perejil**, picado

1 **pan de masa fermentada**, cortado en rodajas finas

50 g de **mantequilla**

1 cucharada de **aceite de oliva**

1 cucharada de **vinagre balsámico**

75 g de **hojas de roqueta**, lavadas y escurridas

2 cucharadas de **alcaparras** troceadas

10 **tomates en aceite** cortados por la mitad

10 **aceitunas negras sin hueso**, cortadas por la mitad

sal y **pimienta**

Escurra el atún y colóquelo en el recipiente de una batidora junto con la mahonesa, el kétchup y el zumo de limón. Tritúrelo bien hasta obtener una pasta fina. Añada después el perejil y salpimiente al gusto. También puede preparar esta pasta de forma manual mezclando los ingredientes. Ponga el paté en cuencos pequeños.

Ponga las rebanadas de pan en una parrilla caliente o tuéstelas en el grill del horno. Úntelas con mantequilla.

Mezcle el aceite y el vinagre y rocíe la mezcla sobre las hojas de roqueta. Incorpore las alcaparras, los tomates en aceite y las aceitunas.

Sirva los cuencos de paté acompañados con las tostadas calientes y la ensalada de roqueta.

Para preparar _tataki_ de atún con salsa de tomates secos y aceitunas, salpimiente y unte 4 filetes de atún fresco con aceite de oliva. Cuézalos en una parrilla caliente durante 2-3 minutos por cada lado. Mezcle 20 tomates en aceite y 20 aceitunas negras sin hueso cortadas por la mitad con 1 cucharada de alcaparras pequeñas, 1 cucharada de vinagre balsámico y 2 cucharadas de aceite de oliva. Salpimiente al gusto y sírvalo con el atún.

mújol con ensalada de beicon

4 raciones
tiempo de preparación
8 minutos
tiempo de cocción
10-12 minutos

4 **filetes de mújol**,
 de unos 175 g cada uno,
 con piel y sin espinas
1 cucharada de **aceite de oliva**
200 g de **beicon** o **tocino,**
 cortado en dados
200 g de **guisantes
 descongelados**
2 **cogollos**, sin las hojas
 más externas, cortados
 en 6 partes
unas ramitas de **tomillo**
50 ml de **vino blanco** o **agua**
20 g de **mantequilla**

Salpimiente el pescado y cuézalo al vapor durante
4-5 minutos o hasta que el pescado se haya vuelto opaco.

Caliente una sartén a fuego fuerte y añada el aceite de oliva.
Fría el beicon hasta que esté crujiente. Retírelo de la sartén
y resérvelo aparte.

Ponga los guisantes, los cogollos, el tomillo y el vino en
la sartén y poche los ingredientes hasta que los cogollos
se hayan reblandecido un poco. Añada la mantequilla
y salpimiente al gusto.

Sirva la mezcla de guisantes en 4 cuencos poco profundos
y coloque el mújol encima. Reparta el beicon crujiente
por encima del pescado.

Para preparar caldo de cogollos, añada 500 ml de caldo
de pollo o caldo de pescado (*véase* pág. 15) a la cazuela
junto con los guisantes, los cogollos y el vino. Termine
la receta con unas hojas de menta troceadas. Sirva el caldo
con pan crujiente.

atún con judías verdes y brécol

4 raciones
tiempo de preparación
8 minutos
tiempo de cocción
15 minutos

500 g de **patatas nuevas**
250 g de **judías verdes finas**,
   sin rabillo
200 g de **cogollitos de brécol**
4 **filetes de atún fresco**,
   de unos 175 g cada uno
1 cucharada de **aceite de oliva**
50 g de **avellanas tostadas**,
   troceadas
sal y **pimienta**

para el **aliño**
4 cucharadas de **aceite**
   de avellana
1 cucharada de **zumo de limón**
1 cucharadita de **mostaza**
   de Dijon

Cueza las patatas, las judías y el brécol en agua ligeramente salada hasta que estén tiernos pero todavía tengan un punto crujiente. A continuación sumérjalas en agua muy fría para detener el proceso de cocción. Escúrralos y corte las patatas en cuartos a lo largo.

Mezcle todos los ingredientes del aliño y salpimiéntelo al gusto.

Caliente una parrilla a fuego muy fuerte. Salpimiente los filetes y úntelos con aceite. Póngalos en la parrilla y hágalos durante 1 minuto por cada lado (o más, siempre que prefiera el atún más cocido que rosado).

Añada las patatas, las judías y el brécol al aliño. Espolvoree los trozos de avellana por encima y sirva las verduras con el atún.

Para preparar judías verdes al estilo asiático como acompañamiento alternativo, mezcle 1 cucharada de aceite de sésamo, 2 cucharadas de salsa de soja, 1 chile sin semillas y picado, 1 cucharadita de miel líquida y 1 cucharada de cilantro picado. Cueza 500 g de judías verdes sin rabillo en agua salada hirviendo como en la receta. Deje escurrir las judías y, mientras todavía estén calientes, mézclelas con el aliño.

salmón con ensalada de col al estilo asiático

4 raciones

tiempo de preparación
20-25 minutos, más tiempo
de refrigerado

tiempo de cocción **5 minutos**

1 cucharada de **semillas
de cilantro**
1 cucharada de **semillas
de comino**
500 g de **filetes gruesos de
salmón**, sin espinas y con piel
1 cucharada de **aceite de oliva**
200 g de **col blanca**, cortada
en juliana
200 g de **zanahoria rallada**
1 puñado de **guisantes dulces**,
cortados en diagonal
en 3 trozos
1 **chile verde**, sin semillas
y picado
1 puñado de **hojas de cilantro**
50 g de **anacardos tostados**,
troceados (opcionales)
sal marina y **pimienta**

para el **aliño**
el zumo de 2 **limas**
1 cucharada de **aceite
de sésamo**
2 cucharadas de **azúcar
de palma** o **azúcar moreno**
1 cucharadita de **salsa
de soja clara**
1 cucharada de **salsa
de pescado tailandesa**

Ponga las semillas de cilantro y las semillas de comino
en una sartén pequeña y tuéstelas a fuego medio durante
unos minutos, hasta que empiecen a desprender su aroma.
Procure que no se quemen. Machaque ligeramente las
especias junto con un poco de sal y pimienta en un mortero.
Reboce el salmón con las especias.

Caliente el aceite de oliva en una sartén hasta que empiece
a echar humo. Cueza rápidamente el salmón durante
20 segundos por ambos lados. Retírelo de la sartén
y colóquelo en el congelador durante 20 minutos.

Mezcle todos los ingredientes del aliño.

Mezcle la col, la zanahoria, los guisantes dulces, el chile
y las hojas de cilantro en un cuenco grande. Añada suficiente
aliño como para que todas las verduras queden impregnadas.

Corte el salmón en rodajas finas con un cuchillo muy afilado.
Cubra la base de una fuente grande con el salmón y forme un
montículo con la ensalada de col en el centro o en un cuenco
independiente. Si lo desea, esparza los anacardos por encima.

Para preparar ensalada de col al estilo indio, mezcle 200 g
de col blanca cortada en juliana, 200 g de zanahoria rallada,
1 cucharada de salsa de menta y 100 ml de yogur natural.
Salpimiéntelo bien y esparza unas nueces tostadas por
encima. Sirva la ensalada acompañada de un pescado
blanco a la plancha, como por ejemplo unos salmonetes.

vieiras con morcilla

6 raciones
tiempo de preparación
10 minutos
tiempo de cocción **5 minutos**

6 **vieiras** limpias,
preferiblemente con concha
25 g de **morcilla**
2 cucharadas de **aceite de oliva**
1 **cebolla tierna**, cortada
en rodajas finas
1 cucharada de **tomillo limón**,
picado
sal y **pimienta**

Seque las vieiras con papel de cocina y condiméntelas
con un poco de sal y pimienta. Desmenuce o trocee
la morcilla en trozos pequeños.

Caliente el aceite en una sartén pequeña y fría a fuego
lento las vieiras durante 1 minuto por cada lado. Vuelva
a colocarlas en su concha (limpia) o sírvalas en platos
calientes si compró las vieiras sin concha.

Incorpore la cebolla tierna, el tomillo limón y la morcilla
a la sartén y caliéntelo ligeramente, mientras remueve,
durante 1 minuto. Salpimiente ligeramente la mezcla
y ponga la mezcla sobre las vieiras con una cuchara junto
con el jugo de la morcilla.

Para preparar un aliño de cilantro para servir como
acompañamiento, bata 150 ml de yogur griego espeso con
1 chile verde y un buen manojo de cilantro con una batidora
de mano. Salpimiente la mezcla al gusto y repártala sobre
las vieiras con una cuchara.

suflé de abadejo ahumado

4 raciones
tiempo de preparación
10 minutos, más tiempo
de enfriado
tiempo de cocción **30 minutos**

30 g de **mantequilla**
(y un poco más para untar)
30 g de **harina**
150 ml de **leche**
2 **huevos**, separados
150 g de **abadejo ahumado**
cocido, desmenuzado
(y 50 g más para decorar;
opcional)
150 ml de **nata para montar**
sal y **pimienta**
salsa holandesa de limón,
para acompañar
(*véase* derecha inferior)

Derrita la mantequilla en una cazuela a fuego lento. Añada la harina y remuévala constantemente durante 1 minuto. Retire la cazuela del fuego y añada gradualmente la leche, mientras remueve, hasta obtener una mezcla uniforme. Ponga la cazuela sobre el fuego y llévelo a ebullición, sin parar de remover. Reduzca el fuego y déjelo cocer a fuego lento durante 1 minuto más. Deje enfriar ligeramente la mezcla antes de añadir las yemas de huevo y batirlas. Añada el pescado desmenuzado.

Bata las claras a punto de nieve y añádalas a la mezcla de pescado. Llene con cuidado 4 cuencos ligeramente engrasados con mantequilla hasta las ¾ partes de su altura. Ponga los moldes en una cazuela y añádale hasta que llegue a ¹/₃ parte de la altura de los moldes. Déjelos cocer en el horno (precalentado a 180 °C) durante 12-15 minutos o hasta que la mezcla haya cuajado. Retírelos del horno y del agua y déjelos enfriar.

Saque los suflés del molde y colóquelos en platos individuales o en una fuente. Rocíelos con la crema y vuelva a colocarlos en el horno 10 minutos o hasta que estén calientes.

Esparza trozos de pescado sobre los suflés antes de servirlos acompañados de la salsa holandesa de limón (*véase* inferior).

Para preparar una salsa holandesa de limón para acompañar los suflés, derrita 200 g de mantequilla en una sartén pequeña. Ponga 2 yemas de huevo y la ralladura de 1 limón en el recipiente de la batidora. Cuando la mantequilla esté a punto de hervir, ponga en marcha la batidora, vierta lentamente la mantequilla en el recipiente con las yemas de huevo. Cuando haya añadido toda la mantequilla, apague la batidora, añada unas 2 cucharadas de zumo de limón y salpimiente al gusto. Bátalo todo otra vez y sirva la salsa inmediatamente.

pastelitos tailandeses de cangrejo con salsa

4 raciones

tiempo de preparación
20 minutos

tiempo de cocción **8 minutos**

625 g de **carne blanca
de cangrejo fresca**

400 g de **patatas harinosas**,
cocidas y machacadas

1 trozo de 2,5 cm de **raíz
de jengibre fresco**,
pelada y rallada

la ralladura de 1 **lima**

1 **chile rojo**, sin semillas
y picado

1 cucharada de **mahonesa**

5 cucharadas de **aceite vegetal**,
para freír

para la **salsa**

400 g de **frijoles de ojo negro**

1 **pimiento rojo**, sin semillas
y cortado en pequeños dados

300 g de **maíz dulce**
en lata, escurrido

3 cucharadas de **zumo de limón**

2 cucharadas de **aceite de oliva**

2 cucharadas de **cilantro**, picado

sal y **pimienta**

Mezcle el cangrejo, las patatas machacadas, el jengibre, la ralladura de lima, el chile y la mahonesa. Salpimiente al gusto. Divida la mezcla en 12 porciones y forme 1 pastelito con cada porción.

Caliente el aceite vegetal en una sartén y fría los pastelitos de cangrejo durante 3-4 minutos por cada lado hasta que estén dorados.

Prepare la salsa mezclando los frijoles de ojo negro, el pimiento rojo y el maíz dulce. Exprima la lima sobre los ingredientes y a continuación añada el aceite de oliva. Salpimiente la mezcla al gusto. Finalmente añada el cilantro picado.

Para preparar pastelitos de salmón al limón, mezcle 400 g de patatas harinosas cocidas y machacadas y 400 g de filete de salmón cocido y desmenuzado y a continuación añada la ralladura de 2 limones y 1 cucharada de mahonesa. Condimente bien la mezcla con sal y pimienta. Forme pastelitos con la mezcla y fríalos en un poco de aceite de oliva hasta que estén crujientes.

tarta de caballa y espárragos

4 raciones

tiempo de preparación
20 minutos, más tiempo
de refrigerado

tiempo de cocción
30-35 minutos

8 **yemas de espárragos
verdes**, escaldadas
250 g de **caballa ahumada**,
sin piel
2 **huevos**
100 ml de **leche**
sal y **pimienta**
100 ml de **nata para montar**

para la **masa**
200 g de **harina**
(y un poco para espolvorear)
75 g de **mantequilla
ligeramente salada**,
refrigerada y cortada en dados
1 **huevo** y 1 **yema de huevo**

Ponga la harina, la mantequilla, los huevos y la yema de huevo
en un robot y tritúrelo todo hasta que se forme una masa blanda.
Si la masa no se mezcla bien, añada un poco de agua fría. Retire
la masa del robot y amásela durante 1 minuto hasta que esté
uniforme. Envuélvala con film transparente y refrigérela durante
al menos 30 minutos. También puede preparar la masa a mano
mezclando bien la mantequilla con la harina hasta que adopte
la textura de migas de pan y después añada los huevos
y amásela bien.

Extienda la masa hasta que tenga un grosor de unos 3 mm
y colóquela sobre un molde para tartas redondo con el borde
rizado. Recorte el exceso de masa. Ponga la masa en el frigorífico
y déjela enfriar durante 1 hora.

Cubra la tarta con un trozo de papel sulfurizado y ponga
unos pesos encima. Cueza la tarta en el horno (precalentado
a 180 °C) durante 10-12 minutos hasta que esté ligeramente
dorada. Retírela del horno y retire el papel sulfurizado de
encima. Vuelva a ponerla en el horno durante otros 2 minutos
para que se seque la base de la tarta. Retire la tarta del horno.

Corte las yemas de espárrago en tres trozos cada una.
Desmenuce el pescado e incorpórelo a la base de la tarta
y añada los espárragos. Mezcle los huevos, la leche y la nata.
Salpimiente. Vierta la mezcla sobre la tarta y déjela cocer
en el horno durante 20-25 minutos.

Para preparar una tarta de salmón ahumado y guisantes,
siga los pasos de la receta sustituyendo la caballa ahumada
y los espárragos por 400 g de salmón ahumado troceado,
200 g de guisantes descongelados y 2 cucharadas de eneldo
picado. Condimente con pimienta.

lubina con salsa virgen

4 raciones
tiempo de preparación
20 minutos
tiempo de cocción **5 minutos**

1 cucharada de **aceite de oliva**
4 filetes de **lubina** de unos
175 g cada uno, con piel
y sin espinas
unas hojas de **roqueta**
sal y **pimienta**

para la **salsa virgen**
4 **tomates** maduros, pelados,
sin semillas y cortados
en dados
1 **chalota**, cortada
en pequeños dados
2 cucharadas de **aceite de oliva**
1 chorrito de **zumo de limón**
unas **hojas de albahaca**,
troceadas

Mezcle los tomates y la chalota. Añada el aceite y remuévalo
bien para que se mezcle. Incorpore un chorro de zumo de limón
y salpimiente al gusto. Justo antes de servir, añada las hojas
de albahaca.

Caliente el aceite en una sartén a fuego fuerte. Salpimiente
la lubina. Cuando la sartén esté caliente, fría el pescado,
con la piel hacia abajo, durante 3-4 minutos hasta que
la piel esté dorada y crujiente. Dele la vuelta a los filetes
y déjelos cocer por el otro lado durante 1 minuto. Retírelos
de la sartén y sírvalos acompañados de la salsa virgen
y unas hojas de roqueta.

Para preparar la salsa verde como alternativa a la salsa
virgen, mezcle 5 cucharadas de hojas de perejil picadas,
1 cucharada de hojas de albahaca picadas, 2 cucharadas
de hojas de menta picadas, 1 cucharada de mostaza de
Dijon, 3 filetes de anchoa en aceite picados, 1 cucharadita
de alcaparras troceadas y 1 diente de ajo majado. Añada
100 ml de aceite de oliva. Condimente la salsa al gusto
y sírvala con la lubina o con cualquier otro pescado.

calamares con aliño de limón y alcaparras

4 raciones

tiempo de preparación
10 minutos, más tiempo
de marinado

tiempo de cocción **5 minutos**

8 **calamares** pequeños
o 4 grandes, cortados
a lo largo y sin tentáculos
2 cucharadas de **aceite
de oliva**
1 cucharadita de **comino
en polvo**
1 corteza rallada y el zumo
de 1 **limón**
50 ml de **vino blanco**
2 cucharadas de **alcaparras**
sal y **pimienta**

Abra los calamares y séquelos con papel de cocina. Extiéndalos sobre una tabla para cortar, con la parte brillante hacia abajo. Con un cuchillo afilado, hágales una serie de cortes diagonales cruzados poco profundos (hasta formar rombos). Ponga los calamares en un cuenco no metálico junto con el aceite, el comino, la ralladura de limón, la mitad del zumo de limón y un poco de pimienta (no ponga sal en esta fase del proceso). Deje marinar la mezcla en el frigorífico durante por lo menos unos 30 minutos, aunque es mejor que lo deje toda una noche.

Caliente una sartén hasta que esté muy caliente. Añada el calamar en la sartén por fases, con el lado cortado hacia abajo y déjelo cocer durante 1-2 minutos o hasta que se vuelva blanco y pierda su transparencia. Retírelo de la sartén y manténgalo caliente mientras prepara el resto del calamar.

Vuelva a poner la sartén en el fuego y añada el vino. Déjelo hervir durante 1 minuto para que se evapore el alcohol. Retire la sartén del fuego y añada el resto del zumo de limón y finalmente las alcaparras. Salpimiente el calamar al gusto y rócielo con el jugo de la sartén antes de servirlo.

Para preparar una ensalada mixta de hierbas aromáticas

para acompañar los calamares, mezcle un buen puñado de hojas de perejil con 1 puñado de hojas de cilantro y 1 puñado de hojas de menta en una ensaladera. En un cuenco aparte, mezcle 2 cucharadas de zumo de limón, 2 cucharadas de aceite de oliva y un diente de ajo majado. Rocíe la ensalada con la vinagreta.

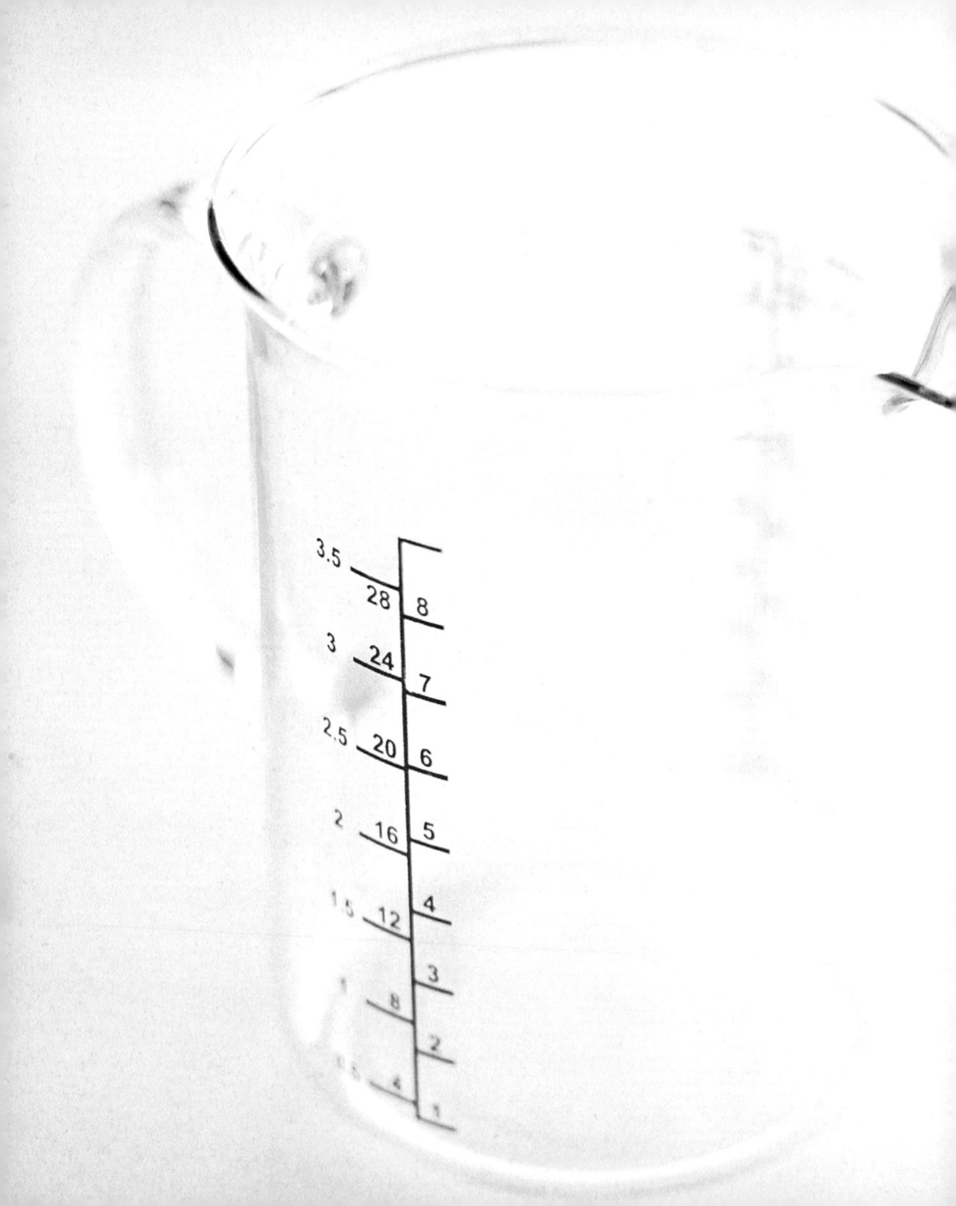
3.5
28
8
3
24
7
2.5
20
6
2
16
5
12
4
3
8
2
4
1

pastas, legumbres y cereales

kedgeree con huevos escalfados

4 raciones
tiempo de preparación
5 minutos
tiempo de cocción
18-20 minutos

50 g de **mantequilla**
6 **cebollas tiernas**, picadas
2 cucharadas de **curry**
en polvo suave
300 g de **arroz basmati**
300 ml de **caldo de pollo**
250 g de **abadejo ahumado**,
sin piel y troceado
200 ml de **nata para montar**
3 cucharadas de **perejil**, picado
1 cucharada de **vinagre de vino**
blanco o **vinagre de malta**
4 **huevos** grandes, muy frescos
1 **limón**, cortado en rodajas
sal y **pimienta**
chutney de mango,
para acompañar

Derrita la mantequilla en una cazuela grande a fuego medio. Añada las cebollas tiernas y fríalas hasta que estén blandas. Agregue el curry en polvo y deje freír las cebollas durante 1 minuto más hasta que el curry empiece a desprender su aroma. Incorpore el arroz y remuévalo bien.

Vierta el caldo en la cazuela y llévelo a ebullición. Déjelo cocer a fuego lento durante 7-10 minutos. Añada el abadejo ahumado, la nata y el perejil. Déjelo cocer durante otros 2 minutos. Salpimiente al gusto.

Lleve una cazuela grande con agua a ebullición. Añada el vinagre y 1 pizca de sal. Remueva el agua hasta formar un remolino y rompa el primer huevo en el centro de la espiral. Reduzca el fuego y déjelo cocer hasta que la clara haya cuajado pero la yema siga líquida. Retire el huevo de la cazuela y sumérjalo en un cuenco con agua muy fría para detener el proceso de cocción. Repita con el resto de los huevos. Cuando haya cocido todos los huevos, vuelva a llevar el agua a ebullición, reduzca el fuego y póngalos en la cazuela para que se calienten.

Sirva el *kedgeree* caliente acompañado de los huevos escalfados, una rodaja de limón y un poco de *chutney* de mango.

Para preparar un *chutney* de mango casero para acompañar, caliente 125 ml de vinagre de vino blanco y 200 g de azúcar extrafino en una cazuela hasta que el azúcar se disuelva. Añada la pulpa cortada en dados de 2 mangos, ½ chile rojo sin semillas y picado, 1 diente de ajo majado y 4 cucharadas de zumo de limón. Llévelo a ebullición, reduzca el fuego y déjelo cocer a fuego lento durante 30 minutos hasta que adquiera la consistencia de una mermelada. Vierta el *chutney* en botes esterilizados y ciérrelos herméticamente.

vieiras con lentejas y especias

4 raciones
tiempo de preparación
10 minutos
tiempo de cocción
20-25 minutos

250 g de **lentejas rojas partidas**
5 cucharadas de **aceite de oliva**
25 g de **mantequilla**
1 **cebolla**, picada
1 **berenjena**, cortada
en dados de 1 cm
1 **diente de ajo**, majado
1 cucharada de **curry en polvo**
1 cucharada de **perejil**, picado
12 **vieiras**, limpias
(opcionalmente sin huevas)
4 cucharadas de **yogur griego**
sal y **pimienta**

Cueza las lentejas en agua siguiendo las instrucciones del envase. Escúrralas y resérvelas aparte.

Caliente 1 cucharada de aceite y la mantequilla en una sartén a fuego medio. Añada la cebolla y déjela cocer a fuego lento durante unos 10 minutos, hasta que esté dorada. A continuación retírela de la sartén y suba el fuego a la máxima potencia. Añada otras 2 cucharadas de aceite a la sartén y fría los dados de berenjena por fases hasta que esté dorada y blanda.

Vuelva a poner la cebolla en la sartén junto con el ajo, el curry en polvo y las lentejas cocidas. Déjelo cocer todo durante 1 minuto más para que se calienten todos los ingredientes. Salpimiente al gusto y finalmente esparza el perejil por encima.

Caliente una sartén a fuego fuerte y añada el aceite restante. Salpimiente las vieiras y colóquelas en la sartén. Déjelas cocer durante 1 minuto por cada lado.

Sirva las vieiras inmediatamente acompañadas de las lentejas a las especias y el yogur griego.

Para preparar vieiras con *dhal* y espinacas, cueza 250 g de lentejas amarillas, según las instrucciones del envase; escúrralas y resérvelas aparte. Fría 1 cebolla picada en un poco de aceite vegetal y 1 diente de ajo majado. Añada 1 cucharadita de curry en polvo, 1 cucharadita de *garam masala* y 1 pizca de cúrcuma a la sartén y fríalo todo durante 1 minuto. Añada las lentejas con un poco de agua o caldo de pollo para humedecer la mezcla. Agregue 500 g de espinacas baby lavadas y déjelo cocer todo mientras remueve hasta que las espinacas se ablanden. Cueza las vieiras como en la receta, espolvoreadas con un poco de curry en polvo. Sirva la receta acompañada de *dhal*.

risotto de gambas, calabacín y guisantes

4 raciones

tiempo de preparación
10 minutos
tiempo de cocción
25-30 minutos

2 cucharadas de **aceite de oliva**
1 **cebolla** pequeña, picada
1 **diente de ajo**, majado
375 g de **arroz para** *risotto*
250 ml de **vino blanco**
1,5 l de **caldo de pollo**
   o de **caldo de pescado**
   (*véase* pág. 15)
20 **gambas grandes**
   crudas peladas
1 **calabacín**, grande
   o 2 pequeños cortados
   en rodajas finas
200 g de **guisantes**
   descongelados
   o frescos escaldados
125 g de **mantequilla**
2 cucharadas de **menta**, picada
la ralladura de 1 **limón**
   y el zumo de ½ limón
sal y **pimienta**

Caliente el aceite en una sartén, añada la cebolla y fríala hasta que esté translúcida. Añada el ajo y el arroz para *risotto* y fríalo todo durante 2 minutos, sin parar de remover para que el arroz se impregne con el aceite. Agregue el vino y déjelo hervir hasta que sólo quede 1 cucharada de líquido.

Reduzca un poco el fuego y vaya añadiendo el caldo poco a poco con un cucharón, sin parar de remover. Espere a que el caldo se absorba antes de añadir el siguiente cucharón. Continúe añadiendo cucharones de caldo hasta que el arroz esté casi cocido. Este proceso debería durar entre 15 y 20 minutos.

Añada las gambas y el calabacín justo antes de añadir los dos últimos cucharones de caldo. Déjelos cocer durante unos 3 minutos hasta que las gambas estén rosadas y firmes al tacto. Finalmente, añada los guisantes, la mantequilla y la ralladura de limón. Condimente el *risotto* al gusto con sal, pimienta y zumo de limón.

Para preparar un *risotto* de calamares al vino tinto, fría

1 cebolla picada, dos ramas de apio picadas y 2 dientes de ajo majados en un poco de aceite de oliva. Añada 375 g de arroz para *risotto* y fríalo durante 1 minuto. Incorpore 250 ml de vino tinto y llévelo a ebullición. Reduzca el fuego y déjelo hervir a fuego lento. Suba un poco el fuego y añada aproximadamente 1,5 l de caldo de pescado (*véase* pág. 15) por fases con un cucharón, sin parar de remover. Espere a que el caldo se absorba antes de añadir el siguiente cucharón. Siga agregando caldo hasta que el arroz esté prácticamente cocido. Incorpore 50 g de mantequilla y 500 g de calamares limpios cortados en aros (sin tentáculos). Déjelo cocer durante otros 2 minutos y esparza un poco de cebollino por encima antes de servirlo.

lenguado con ensalada de bulgur

4 raciones

tiempo de preparación
12 minutos, más tiempo
de reposado

tiempo de cocción **2 horas
y 5 minutos**

2 **pimientos rojos**, sin semillas
y cortados en rodajas

16 **tomates cherry**, cortados
por la mitad

2 **dientes de ajo**, cortados
en láminas

4 cucharadas de **aceite de oliva**,
y un poco más para engrasar

200 g de **bulgur**

2 cucharadas de **zumo de limón**

1 **cogollo**

10 **aceitunas negras
de Kalamata**, sin hueso

2 cucharadas de **cebollino**
picado

2 **lenguados** grandes,
fileteados y sin espinas

sal y **pimienta**

Cubra la base de un plato pequeño apto para el horno con los pimientos rojos y coloque los tomates encima. Salpimiente los tomates y esparza las láminas de ajo por encima. Rocíe 2 cucharadas de aceite de oliva sobre los tomates y ponga el plato en el horno (precalentado a 150 °C) durante 2 horas.

Ponga el bulgur en un cuenco antitérmico y cúbralo con agua hirviendo. Cubra el cuenco con film transparente y déjelo cocer al vapor durante 15 minutos. Escurra el bulgur, presionándolo para eliminar el exceso de agua. Añada el zumo de limón y salpimiente al gusto. Manténgalo caliente.

Trocee las hojas del cogollo y mézclelas con los pimientos asados, el bulgur, las aceitunas, el cebollino y el aceite restante. Incorpore con cuidado los tomates asados procurando no romperlos demasiado.

Cubra una bandeja para el horno con papel de aluminio. Salpimiente los filetes de lenguado y póngalos sobre el papel de aluminio, con la piel hacia arriba. Déjelos gratinar en el horno (precalentado) durante 4-5 minutos. A continuación dele la vuelta a los filetes y déjelos gratinar otros 2 minutos.

Sirva el pescado acompañado de la ensalada templada de bulgur y un chorrito de aceite de oliva.

Para preparar lenguado con salsa con pimientos rojos
y tomate, cueza los tomates y los pimientos como en la receta. Cuando estén cocidos, tritúrelos con un robot de cocina hasta obtener una salsa fina. Añada 1 cucharada de aceite de oliva y 1 puñado de hojas de albahaca troceadas. Sirva el lenguado, gratinado como en la receta, acompañado de la salsa y unas patatas fritas.

pasta al limón con trucha ahumada

4 raciones

tiempo de preparación
4 minutos

tiempo de cocción
8-10 minutos

350 g de **farfalle**
1 cucharada de **aceite de oliva**
1 **cebolla**, picada
500 g de **trucha ahumada**
la ralladura de 1 **limón**
200 g de *crème frâiche*
1 cucharadas de **eneldo**, picado
sal y **pimienta**

Cueza la pasta siguiendo las indicaciones del envase.

Caliente el aceite en una sartén. Añada la cebolla y fríala hasta que esté blanda y translúcida pero sin que llegue a dorarse. Retire la sartén del fuego y añada la trucha ahumada, la ralladura de limón, la *crème frâiche* y el eneldo picado.

Escurra la pasta (reserve 2 cucharadas del líquido de cocción). Mezcle la pasta y el líquido con la salsa. Salpimiente al gusto y sírvalo inmediatamente.

Para preparar pan de ajo y hierbas aromáticas para acompañar la pasta, mezcle 2 dientes de ajo majados con 150 g de mantequilla blanda y 2 cucharadas de perejil picado. Corte 1 baguette por la mitad a lo largo. Extienda la mantequilla sobre el pan y déjelo tostar en el horno (precalentado a 180 °C) durante 10 minutos hasta que la mantequilla se haya derretido y el pan esté crujiente.

risotto de rape y azafrán

4 raciones
tiempo de preparación
25 minutos
tiempo de cocción
30-35 minutos

500 g de **rape**, sin espinas
50 g de **mantequilla**
1 **cebolla** picada
2 **dientes de ajo**, majados
250 g **arroz para** *risotto*
1 vaso de **vino blanco seco**
1 cucharadita de **hebras**
  de azafrán
2 cucharaditas de **tomillo limón**,
  picado (y un poco para
  decorar)
1 l de **caldo de pescado**,
  (*véase* pág. 15) caliente
sal y **pimienta**
queso parmesano rallado,
  para acompañar

Corte el rape en trozos y sazónelos ligeramente. Derrita la mitad de la mantequilla en una cazuela grande y sofría la cebolla hasta que esté blanda pero no dorada. Añada el pescado y déjelo cocer, sin parar de remover, durante 2 minutos. Retire el pescado de la cazuela con una espumadera y añada el ajo a la cazuela. Déjelo cocer durante 1 minuto.

Incorpore despacio el arroz y sofríalo durante 1 minuto. Añada el vino y déjelo hervir a fuego lento hasta que se haya evaporado casi por completo. Agregue el azafrán y el tomillo limón.

Gradúe el fuego a media potencia. Añada el caldo a cucharones, sin parar de remover. Deje que el líquido se absorba antes de añadir el siguiente cucharón. Continúe añadiendo caldo hasta que el arroz esté prácticamente cocido. Este proceso debería durar unos 15-20 minutos.

Compruebe que tiene suficiente sal e incorpore el pescado. Caliéntelo bien y sírvalo inmediatamente con un poco de queso parmesano rallado y un poco de tomillo limón picado.

Para preparar rape asado con salsa de azafrán, engrase una fuente para el horno con aceite y añada 1 trozo de 750 g de rape sin espinas, untado de aceite y sazonado. Áselo en el horno (precalentado a 200 ºC) durante 8 minutos o hasta que esté firme al tacto. Mientras tanto, caliente 1 cucharada de aceite de oliva en una cazuela. Incorpore después ½ cebolla picada y fríala hasta que esté blanda. Agregue 2 dientes de ajo majados y déjelos freir durante 1 minuto más. Vierta 125 ml de vino blanco y añada una buena pizca de hebras de azafrán. Llévelo a ebullición y deje que el vino se evapore por completo. Después añada 200 ml de nata para montar y vuelva a llevarlo a ebullición. Sirva el rape con la salsa de azafrán.

espaguetis con mejillones y almejas

4 raciones

tiempo de preparación
15 minutos

tiempo de cocción
15 minutos

350 g de **espaguetis deshidratados**

2 cucharadas de **aceite de oliva** (y un poco más para aliñar)

1 **cebolla** pequeña, bien picada

1 **chile verde** grande, sin semillas y picado

2 **dientes de ajo**, picados

500 g de **mejillones**, limpios y sin barbas (*véase* pág. 12)

1 kg de **almejas**, limpias (*véase* pág. 12)

175 ml de **vino blanco**

25 g de **mantequilla**

2 cucharadas de **perejil**, picado

sal y **pimienta**

Cueza los espaguetis siguiendo las indicaciones del envase. Escúrralos y resérvelos aparte.

Caliente el aceite en una cazuela. Cuando esté caliente, sofría la cebolla hasta que esté blanda y translúcida. Añada el chile y fríalo durante 1 minuto más antes de añadir el ajo.

Suba el fuego y agregue los mejillones (descarte primero los que no se cierren al golpetearlos), las almejas y el vino. Tape la cazuela y deje cocer los moluscos al vapor hasta que se abran. Deseche los que no se hayan abierto. Cuélelos en un colador y guarde el caldo en un cuenco.

Vuelva a poner el caldo en la cazuela, dejando una pequeña cantidad en el cuenco, ya que en el fondo puede haber arenilla de los moluscos. Hierva el caldo durante 2 minutos hasta que haya reducido un poco. Agregue la mantequilla y remuévalo bien. Después incorpore los mejillones y las almejas, los espaguetis y el perejil. Sazónelo bien y rocíelo con un chorrito de aceite de oliva.

Para preparar mejillones y almejas gratinados, cueza

500 g de mejillones limpios y sin barbas y 500 g de almejas limpias (véase pág. 12) como en la receta. Retire la concha superior de los mejillones y las almejas. Mezcle 250 g de pan fresco rallado con 1 diente de ajo majado y 3 cucharadas de una mezcla de hierbas aromáticas picadas. Esparza el pan rallado sobre los moluscos y déjelos gratinar en el horno (precalentado) hasta que estén dorados. Prepare una mantequilla de ajo mezclando 50 g de mantequilla blanda y 1 diente de ajo majado. Ponga una cucharadita de mantequilla sobre cada molusco para que se derrita antes de servirlos.

macarrones con atún, espinacas y tomate

4 raciones
tiempo de preparación
4 minutos
tiempo de cocción
10 minutos

350 g de **macarrones**
2 cucharadas de **aceite de oliva**
(y un poco para aliñar)
1 **cebolla**, cortada
en rodajas finas
1 **diente de ajo**, majado
500 g de **tomates cherry**,
cortados por la mitad
1 pizca de **azúcar** (opcional)
250 g de **espinacas baby**,
lavadas
2 latas de 185 g de **atún en
aceite de oliva**, escurridas
sal y **pimienta**

Cueza la pasta siguiendo las indicaciones del envase.

Mientras, caliente el aceite en una cazuela. Añada la cebolla y sofríala hasta que esté blanda. Agregue después el ajo y los tomates y fríalos durante 3-4 minutos hasta que los tomates empiecen a romperse. Salpimiente la salsa al gusto e incorpore un poco de azúcar si es necesario.

Añada las espinacas a la salsa. Incorpore el atún, procurando que no se desmenuce demasiado. Cuele la salsa y agregue la pasta. Rocíe el plato con un poco más de aceite de oliva antes de servirlo.

Para preparar unos macarrones cremosos con mejillones, cueza 350 g de macarrones siguiendo las indicaciones del envase. Mientras tanto, caliente un poco de aceite en una cazuela y añada 1 diente de ajo picado, 150 ml de vino blanco y 1,5 kg de mejillones limpios y sin barbas (*véase* pág. 12) a la cazuela. Tape la cazuela y deje cocer los mejillones hasta que se hayan abierto. Deseche los que no se hayan abierto. Deje escurrir los mejillones en un colador y guarde el caldo. Vuelva a verter el caldo en una cazuela limpia y añada 200 ml de nata para montar. Déjela cocer a fuego lento hasta que adquiera una textura cremosa. Escurra la pasta. Quite la concha a los mejillones y añádalos a la salsa junto con la pasta. Salpimiente al gusto.

paella de marisco

4 raciones
tiempo de preparación
30 minutos
tiempo de cocción
25 minutos

2 cucharadas de **aceite de oliva**
1 **cebolla** grande, cortada
   en dados pequeños
1 **diente de ajo**, majado
1 **pimiento rojo**, sin semillas
   y cortado en dados de 5 mm
300 g de **arroz para paella**
1,5 l de **caldo de pescado**,
   caliente (*véase* pág. 15)
   o de **agua**
1 pizca de **hebras de azafrán**
2 **tomates** grandes, troceados
300 g de **langostinos crudos
   pelados**
200 g de **almejas**, limpias
   (*véase* pág. 12)
200 g de **mejillones**, limpios
   y sin barbas (*véase* pág. 12)
200 g de **calamares**, lavados
   (*véase* pág. 12) cortados
   en aros y sin tentáculos
150 g de **guisantes
   descongelados**
2 cucharadas de **perejil**, picado
sal y **pimienta**

Caliente el aceite en una sartén grande. Añada la cebolla, el ajo y el pimiento rojo a la sartén y fríalos durante unos minutos hasta que empiecen a reblandecerse. A continuación agregue el arroz y fríalo durante 1 minuto.

Vierta el caldo caliente hasta que el arroz quede sumergido aproximadamente a 1 cm. Incorpore las hebras de azafrán y remuévalo bien. Lleve el arroz a ebullición y después añada los tomates. Reduzca el fuego y déjelo cocer a fuego lento. Remueva bien el arroz de nuevo y déjelo cocer a fuego lento durante 10-12 minutos, remueva de vez en cuando para evitar que el arroz se pegue.

Añada las gambas, las almejas, los mejillones (desechando primero los que no se cierren al golpetearlos) y el calamar a la sartén junto con un poco más de agua o caldo si el arroz está demasiado seco. Déjelo cocer todo hasta que las almejas y los mejillones se abran (deseche los que no se hayan abierto), las gambas estén rosadas y el calamar se vuelva blanco y pierda su transparencia.

Incorpore los guisantes y el perejil y déjelo cocer unos minutos más hasta que los guisantes estén calientes. Salpimiente al gusto.

Para preparar una paella de orzo con vieiras, siga los pasos de la receta, sustituyendo el arroz para paella por 375 g de orzo deshidratado. Sustituya también las gambas por vieiras y use sólo 500 ml de caldo. Añada un poco más de caldo si es necesario.

pez espada con cuscús de calabaza

4 raciones

tiempo de preparación
15 minutos, más tiempo
de marinado
tiempo de cocción
40 minutos

1 **calabaza moscada**
pelada, sin semillas y cortada
en dados de 1,5 cm
4 cucharadas de **aceite de oliva**
1 cucharada de **semillas
de comino**
1 cucharadita de **cilantro rallado**
1 cucharadita de **pimentón**
4 filetes de **pez espada**,
de unos 200 g cada uno
y de 1,5 cm de grosor
300 g de **cuscús**
1 cucharada de **pasta
de harissa**
400 ml de **caldo de pollo**
o **de verduras**, hirviendo
4 cucharadas de **zumo de limón**
sal y **pimienta**

Ponga la calabaza en una bandeja para el horno y rocíela con
1 cucharada de aceite de oliva. Salpimiéntela y esparza unas
semillas de comino por encima. Ásela en el horno (precalentado
a 180 °C) durante 30 minutos hasta que esté tierna.

Mientras, mezcle el cilantro, el comino rallado, el pimentón
y 2 cucharadas de aceite. Unte los filetes de pez espada con
la mezcla y déjelos marinar en el frigorífico durante 30 minutos.

Ponga el cuscús un cuenco antitérmico. Mezcle la pasta
de harissa con el caldo hirviendo y viértalo sobre el cuscús.
Tape el cuenco con film transparente y deje reposar el
cuscús durante 5-8 minutos. Separe los granos de cuscús
con un tenedor. Agregue el zumo de limón y el aceite restante
y salpimiéntelo al gusto. Finalmente, incorpore la calabaza
asada.

Ponga los filetes marinados en una parrilla muy caliente
y déjelos cocer durante 3-4 minutos por cada lado. Sírvalos
inmediatamente acompañados del cuscús caliente.

Para preparar atún con salsa de hierbas aromáticas,
deje marinar 2 filetes de atún fresco en una mezcla de
1 cucharadita de cilantro rallado, 1 cucharadita de comino
rallado, 1 pizca de chile seco troceado, 1 diente de ajo
majado y 2 cucharadas de aceite de oliva. Póngalos en
el frigorífico durante 40 minutos. Cuézalos de la misma forma
que los filetes de pez espada, durante 2-3 minutos por cada
lado. Mientras tanto, mezcle 1 cucharada de zumo de limón,
1 cucharada de orégano picado, 1 cucharada de perejil
picado y 1 cucharada de alcaparras troceadas, 1 diente
de ajo majado y 2 cucharadas de aceite de oliva. Sazone
la mezcla al gusto y sírvala con el atún.

fideos con gambas y *pak choi*

4 raciones
tiempo de preparación
5 minutos
tiempo de cocción
12 minutos

250 g de **fideos al huevo**
(grosor medio)
3 cucharadas de **aceite vegetal**
2 cucharadas de **semillas
de sésamo**
1 trozo de 2,5 cm de **raíz
de jengibre fresco**,
pelada y picada
1 **diente de ajo**, majado
20 **langostinos crudos pelados**
3 cucharadas de **salsa
de soja clara**
2 cucharadas de **salsa
de chile dulce**
2 cabezas de *pak choi*,
cortadas en juliana
1 puñado de **cilantro**, picado
2 cucharadas de **aceite
de sésamo**

Cueza los fideos siguiendo las indicaciones del envase.
Escúrralos y resérvelos aparte.

Caliente una sartén grande y añada 2 cucharadas de
aceite vegetal. Cuando esté bien caliente, añada los fideos,
extendiéndolos bien para que ocupen toda la base de la sartén.
Déjelos cocer a fuego fuerte durante 3-4 minutos hasta que
estén dorados y crujientes. Cuando se hayan dorado por una
parte, deles la vuelta y dórelos también por el otro lado. Añada
las semillas de sésamo.

Mientras, caliente el aceite restante en un wok. Añada el
jengibre y el ajo y saltéelos durante 1 minuto. Después agregue
gambas y saltéelas durante 2 minutos hasta que se vuelvan
de color rosa. Incorpore la salsa de soja y la salsa de chile dulce
y llévelo a ebullición. Reduzca el fuego y déjelo cocer a fuego
lento durante 1-2 minutos hasta que las gambas estén rosadas
y firmes. Finalmente añada el *pak choi* y remuévalo bien hasta
que las hojas empiecen a marchitarse.

Ponga los fideos en una fuente y esparza las gambas,
el *pak choi*, las cebollas tiernas y el cilantro por encima
y rocíelo todo con el aceite de sésamo.

Para preparar un salteado de gambas y citronela,

saltee 2 chalotas picadas, 2 tallos de citronela picados,
2 chiles rojos sin semillas y picados, 1 diente de ajo majado
y 1 trozo de 1,5 cm de raíz de jengibre fresco pelado y picado
en un wok con un poco de aceite vegetal durante 2 minutos.
Añada 20 langostinos crudos y pelados y saltéelos hasta
que estén rosados. Agregue 6 cucharadas de salsa de soja
clara, 2 cucharadas de aceite de sésamo y el zumo de 1 lima.
Finalmente, incorpore 2 cucharadas de cilantro picado.

risotto cremoso de cangrejo y espárragos

4 raciones
tiempo de preparación
  10 minutos
tiempo de cocción
  25-30 minutos

4 cucharadas de **aceite de oliva**
2 ramas de **apio**, cortadas
  en pequeños dados
1 **cebolla**, cortada
  en pequeños dados
1 **diente de ajo**, majado
350 g de **arroz para *risotto***
175 ml de **vino blanco**
1,5 l de **caldo de pescado**
  (*véase* pág. 15) o **de pollo**
25 g de **mantequilla**
8-10 **yemas de espárrago**,
  escaldadas y cortadas
  en trozos en diagonal
400 g de **carne blanca**
  de cangrejo fresca
100 g de **carne marrón**
  de cangrejo fresca (opcional)
1 cucharada de **zumo de limón**
2 puñados de hojas de **roqueta**
sal y **pimienta**

Caliente 2 cucharadas de aceite en una sartén grande. Añada el apio y la cebolla y fríalos a fuego medio hasta que la cebolla esté blanda y translúcida. Incorpore el ajo y fríalo durante 1 minuto. A continuación agregue el arroz y fríalo todo otros 2 minutos, removiéndolo bien para que los granos de arroz queden impregnados de aceite.

Vierta el vino en la sartén y déjelo hervir hasta que el líquido se haya evaporado.

Con el fuego a media potencia, añada el caldo por cucharadas, sin parar de remover. Deje que el líquido se evapore antes de añadir la siguiente cucharada. Continúe agregando caldo hasta que el arroz esté prácticamente cocido. Este proceso debería durar entre 15 y 20 minutos.

Incorpore la mantequilla, después los espárragos y la carne de cangrejo. Salpimiente al gusto.

Mezcle el aceite restante y el zumo de limón y use la mezcla para aliñar las hojas de roqueta. Sirva el *risotto* en cuencos con unas hojas de roqueta aliñadas por encima.

Para preparar unos linguine con cangrejo, chile y roqueta, mezcle 375 g de linguine cocidos (calientes) y 3 cucharadas del líquido de cocción de la pasta. Añada 1 chile rojo grande sin semillas y picado, 500 g de carne blanca de cangrejo fresca, 4 cucharadas de zumo de limón, 400 g de hojas de roqueta y 4 cucharadas de aceite de oliva. Agregue unas cuantas hojas de albahaca troceadas y salpimiente al gusto.

risotto de salmonete y perejil

4 raciones

tiempo de preparación
5 minutos

tiempo de cocción
25-30 minutos

4 cucharadas de **aceite de oliva**
2 tallos de **apio**, cortados
   en pequeños dados
1 **cebolla**, cortada
   en pequeños dados
2 **dientes de ajo**, majados
350 g de **arroz para** *risotto*
175 ml de **vino blanco**
1,5 l de **caldo de pescado**
   (*véase* pág. 15) o **de pollo**
1 buen manojo de **perejil**, picado
la ralladura de 1 **limón**
   y un poco de zumo para aliñar
25 g de **mantequilla**
4 **salmonetes**, fileteados
   y sin escamas
sal y **pimienta**

Caliente 2 cucharadas de aceite en una cazuela grande.
Añada el apio y la cebolla. Fríalos a fuego medio hasta
que la cebolla esté blanda y translúcida. Incorpore el ajo
y fríalo durante 1 minuto más. Agregue el arroz y fríalo durante
2 minutos, removiéndolo bien para que los granos de arroz
queden impregnados de aceite.

Vierta el vino en la cazuela y déjelo hervir hasta que el líquido
se haya evaporado.

Con el fuego a media potencia, añada el caldo por cucharadas,
sin parar de remover. Deje que el líquido se evapore antes de
añadir la siguiente cucharada. Continúe agregando caldo hasta
que el arroz esté prácticamente cocido. Este proceso debería
durar entre 15 y 20 minutos. Incorpore la ralladura de limón
y la mantequilla. Finalmente, añada el perejil y salpimiente
al gusto.

Mientras, caliente una sartén a fuego fuerte y añada el aceite
restante. Sazone el pescado por ambos lados y póngalo en
la sartén, con la piel hacia abajo. Fría el pescado por este lado
durante 3 minutos o hasta que la piel esté crujiente. Dele la vuelta
al pescado y déjelo cocer 1 minuto más. Exprima un poco
de zumo de limón sobre el pescado y sírvalo sobre el *risotto*.

Para preparar unos ñoquis con pesto de perejil y salmonete,
cueza 375 g de ñoquis siguiendo las indicaciones del envase.
Ponga un buen puñado de perejil en el recipiente de una
picadora junto con 50 g de nueces tostadas y 1 diente
de ajo. Tritúrelo todo junto con 150 ml de aceite de oliva
hasta obtener una mezcla uniforme. Añada 125 g de queso
parmesano rallado y salpimiente al gusto. Viértalo sobre
los ñoquis y sírvalos con los filetes de salmonete.

raya con garbanzos y salsa de olivas

4 raciones

tiempo de preparación
15 minutos

tiempo de cocción
8 minutos

4 cucharadas de **aceite de oliva**

4 **aletas de raya** de unos
250 g cada una, sin piel

3 cucharadas de **harina**,
condimentada con sal
y pimienta

200 g de **aceitunas negras
sin hueso**, picadas

1 **chile rojo**, sin semillas y picado

1 cucharada de **albahaca**, picada

1 cucharada de **perejil**, picado

2 cucharadas de **zumo de limón**

400 g de **garbanzos** de bote,
escurridos

125 g de **berros**

1 cucharada de **vinagre
balsámico**

sal y **pimienta**

Caliente 2 cucharadas de aceite en una sartén. Enharine
las aletas y fríalas durante unos 3 minutos hasta que estén
ligeramente doradas. Deles la vuelta y déjelas cocer durante
otros 3 minutos por el otro lado.

Mezcle las aceitunas negras, el chile, la albahaca, el perejil,
el zumo de limón y el aceite restante. Salpimiente al gusto.

Mezcle los garbanzos, los berros y el vinagre balsámico
en un cuenco.

Sirva las aletas de raya con 1 puñado de ensalada de berros
y garbanzos y rócielo todo con la vinagreta de aceitunas.

Para preparar raya con salsa de mantequilla clarificada,
caliente 2 cucharadas de aceite de oliva en una sartén
y añada las aletas de raya sazonadas. Tras 1 minuto,
añada 50 g de mantequilla sin sal a la sartén. Impregne
bien las aletas con la mantequilla y déjelas cocer durante
otros 2 minutos. Deles la vuelta y déjelas cocer otros
2-3 minutos por el otro lado. Siga vertiendo mantequilla
sobre el pescado. Cuando esté cocido, añada 50 g
de alcaparras a la sartén y salpimiente al gusto.

carbonero estofado con lentejas

4 raciones

tiempo de preparación
15 minutos

tiempo de cocción
50 minutos

150 g de **lentejas puy**

3 cucharadas de **aceite
de oliva virgen extra**

1 **cebolla** grande, picada

3 **dientes de ajo**, cortados
en láminas

unas cuantas ramitas
de **romero** o **tomillo**

200 ml de **caldo de pescado**
(*véase* pág. 15)

4 trozos de **filete de carbonero**,
sin piel

8 **tomates**, pequeños

sal y **pimienta**

2 cucharadas de **perejil de hoja
plana** picado, para decorar

Hierva las lentejas en abundante agua durante 15 minutos.
Escúrralas.

Mientras, caliente 1 cucharada de aceite en una sartén y fría
la cebolla durante 5 minutos. Incorpore el ajo y fríalo durante
otros 2 minutos.

Añada las lentejas, el romero o el tomillo, el caldo y un poco
de sal y pimienta a la sartén y llévelo a ebullición.

Viértalo en un plato antitérmico poco profundo y coloque
el pescado encima. Corte la parte superior de los tomates
y repártalos alrededor del pescado. Rocíelo con el aceite
restante.

Deje cocer el plato en el horno (precalentado a 180 °C)
durante 25 minutos o hasta que el pescado esté bien
cocido. Sírvalo decorado con el perejil.

Para preparar carbonero con puerros estofados,
caliente 1 cucharada de aceite de oliva en una sartén
grande y fría 4 chalotas picadas hasta que estén doradas.
Vierta 500 ml de caldo de pescado (*véase* pág. 15)
y 200 ml de vino blanco. Llévelo a ebullición y déjelo
cocer hasta que se reduzca a la mitad. Ponga 4 puerros
grandes preparados y cortados en rodajas en un plato
antitérmico poco profundo y rocíelos con el caldo de pescado
reducido. Salpiméntelo bien. Coloque el carbonero encima,
cuézalo y sírvalo como en la receta.

platos
principales

paquetitos de salmonete, chile y jengibre

4 raciones

tiempo de preparación
20 minutos

tiempo de cocción
6-8 minutos

4 **filetes de salmonete**
de unos 200 g cada uno,
sin espinas

2 **chiles rojos** grandes,
sin semillas y cortados
en juliana

1 trozo de 5 cm de **raíz
de jengibre fresco**,
pelada y cortada en juliana

2 **cebollas tiernas**, cortadas
en finas rodajas

2 **dientes de ajo**, cortados
en láminas

2 **limas,** cortadas en rodajas finas

1 cucharada de **salsa de soja**

1 cucharada de **aceite
de sésamo**

Corte 4 cuadrados de papel sulfurizado antiadherente
que sean unos 8 cm más largos que los filetes de pescado.

Ponga un filete de salmonete encima de 1 de los trozos
de papel. Esparza un poco de chile y jengibre en juliana
por encima y unas rodajas de cebolla tierna, ajo y lima.
Rocíelo con un poco de salsa de soja y de aceite de sésamo.

Pliegue una de las esquinas del papel sobre el pescado
formando un paquetito triangular. Empezando por una de
las esquinas del triángulo, pliegue los bordes un par de veces
para sellar el pescado dentro del paquetito. Repita el proceso
con el resto de los filetes. Déjelos cocer en el horno (precalentado
a 180 °C) durante 6-8 minutos o hasta que el pescado
se vuelva opaco y esté firme al tacto.

Para preparar paquetitos de salmonete al limón
y vino blanco, ponga el pescado sobre un trozo de papel
sulfurizado como en la receta, colocando unas rodajas
de limón, unas ramitas de tomillo y un poco de mantequilla
encima. Salpimiente bien el pescado. Envuelva el pescado
con el papel, dejando uno de los lados abiertos. Vierta
1 cucharada de vino blanco dentro de cada paquetito.
Cierre el lado abierto de los paquetitos y cuézalos como
se indica en la receta.

rape con aliño balsámico

4 raciones
tiempo de preparación
15 minutos
tiempo de cocción
20-25 minutos

125 ml de **vinagre balsámico**
4 **filetes de rape** de unos
150 g cada uno, sin espinas
4 cucharaditas de **tapenade**
8 **hojas de albahaca**
8 **lonchas de beicon**, extendidas
con el lomo de un cuchillo
375 g de **judías verdes**, sin
rabillo
150 g de **guisantes congelados**
6 **cebollas tiernas**, cortadas
en rodajas finas
125 g de **queso feta**,
desmenuzado
2 cucharadas de **aceite
de albahaca**
sal

Vierta el vinagre en una cazuela pequeña a fuego medio. Llévelo a ebullición, reduzca el fuego y déjelo cocer a fuego lento durante 8-10 minutos hasta que se vuelva espeso y brillante. Resérvelo y déjelo enfriar ligeramente. Manténgalo caliente.

Ponga los filetes de rape sobre una tabla para cortar y, con un cuchillo afilado, practique una profunda incisión de unos 5 cm de largo a un lado de los filetes. Rellene la incisión con 1 cucharadita de tapenade y 2 hojas de albahaca. Envuelva cada filete con 2 lonchas de beicon, dejando el relleno bien sellado. Fije el beicon con un palillo.

Lleve una cazuela con agua salada a ebullición. Añada las judías verdes y déjelas cocer durante 3 minutos. Incorpore después los guisantes y déjelos cocer durante 1 minuto. Escúrralo todo y manténgalo caliente.

Caliente una parrilla a fuego medio y ponga los filetes de rape dentro. Déjelos cocer durante 4-5 minutos por cada lado hasta que los filetes estén cocidos. Resérvelos aparte durante 1-2 minutos.

Mientras, mezcle las judías y los garbanzos con las cebollas tiernas, el queso feta y el aceite de albahaca. Sirva la mezcla en platos. Coloque los filetes de rape encima de las verduras, rócíelos todo con un poco de aliño balsámico templado y sírvalos inmediatamente.

Para preparar rape relleno de feta y tomates en aceite, practique una incisión en un lado de los filetes de rape, como en la receta, y rellénela con 2 hojas de albahaca, 3 tomates en aceite y 25 g de queso feta. Envuelva los filetes con las lonchas de beicon y cocínelos como en la receta.

caballa con boniatos

2 raciones
tiempo de preparación
15 minutos
tiempo de cocción **1 hora**

375 g de **boniatos**, lavados
   y cortados en trozos
   de 1,5 cm
1 **cebolla roja**, cortada
   en rodajas finas
4 cucharadas de **aceite de chile**
unas **ramitas de tomillo**
40 g de **tomates en aceite**,
   escurridos y cortados
   en rodajas finas
4 **filetes de caballa** grandes,
   sin espinas
100 ml de **yogur natural**
1 cucharada de **cilantro**
   y 1 de **menta**
sal y **pimienta**
unas **rodajas de limón**,
   para acompañar

Introduzca los trozos de boniato en un plato poco profundo para el horno junto con la cebolla. Añada el aceite, el tomillo y un poco de sal y mézclelo bien todo.

Déjelo cocer en el horno (precalentado a 200 °C) durante 40-45 minutos, remueva una o dos veces, hasta que los boniatos estén tiernos y empiecen a ponerse marrones.

Incorpore los tomates. Doble los filetes de caballa por la mitad, con la piel hacia fuera, y colóquelos sobre los boniatos. Déjelos cocer en el horno durante otros 12-15 minutos o hasta que el pescado esté suficientemente cocido.

Mientras, mezcle el yogur, las hierbas aromáticas y un poco de sal y pimienta hasta formar una raita. Sirva el pescado y los boniatos en platos calientes y coloque 1 cucharada de raita encima y decore los platos con unas rodajas de limón.

Para preparar rape frito con aliño templado de tomates secos, envuelva 2 filetes grandes de rape con unas lonchas de jamón de Parma. Caliente una sartén grande a fuego medio con 2 cucharadas de aceite de oliva. Fría el rape durante 6-8 minutos hasta que esté dorado y firme al tacto. Retire el pescado de la sartén y déjelo reposar. Vierta 100 ml de vino blanco y el zumo de 1 limón en la sartén. Añada 5 tomates secos en aceite escurridos y picados y 2 cucharadas de perejil picado. Sirva el rape con el aliño de tomates.

curry indio de pescado

4 raciones
tiempo de preparación
15 minutos
tiempo de cocción **30 minutos**

2 cucharadas de **aceite
de cacahuete**
o **aceite vegetal**
1 **cebolla**, picada
1 **chile rojo**, sin semillas
y picado
1 **diente de ajo**, majado
1 trozo de 5 cm de **raíz
de jengibre fresco**,
pelada y picada
1 cucharada de **comino rallado**
1 cucharada de **cilantro rallado**
1 cucharadita de **cúrcuma**
1 cucharadita de *garam masala*
400 g de **tomates troceados**
400 ml de **leche de coco**,
en lata
2 colas grandes de **rape**,
troceadas
12 **langostinos crudos**, pelados
250 g de **mejillones**, limpios
y sin barbas (*véase* pág. 12)
1 manojo pequeño de **cilantro**
o **perejil**, troceado

Caliente el aceite en una sartén grande. Añada la cebolla
y sofríala durante 10 minutos hasta que esté dorada. Agregue
el chile, el ajo, el jengibre y las especias secas y fríalos durante
1 minuto más hasta que las especias empiecen a desprender
su aroma.

Añada los tomates y la leche de coco a la sartén. Llévelo
a ebullición. Reduzca el fuego y déjelo cocer a fuego lento
durante 10 minutos hasta que la salsa de curry haya espesado.
Incorpore el rape y los langostinos a la sartén y déjelos cocer
durante 3-4 minutos. Finalmente, agregue los mejillones
(descartando primero los que no se cierren al golpetearlos)
y déjelos cocer durante aproximadamente 1 minuto hasta
que se hayan abierto (deseche los que no se hayan abierto).

Sazone al gusto, añada las hierbas aromáticas picadas
y remuévalo bien. Sirva la receta acompañada de arroz basmati.

**Para preparar unos *naan* con ajo y semillas de mostaza
negra** para acompañar, caliente un poco de aceite en
una sartén pequeña. Añada 1 cucharada de semillas de
mostaza negra y fríalas hasta que empiecen a saltar. Mezcle
100 g de mantequilla blanda con las semillas de mostaza
y 1 diente de ajo majado. Unte dos panes *naan* con la mezcla.
Junte los dos lados untados con mantequilla y envuelva
los panes con papel de aluminio. Déjelos cocer en el horno
(precalentado a 180 °C) durante 10 minutos hasta que
estén bien calientes.

pargo con zanahorias y alcaravea

4 raciones
tiempo de preparación
10 minutos
tiempo de cocción
15 minutos

500 g de **zanahorias**,
    cortadas en rodajas
2 cucharaditas de **alcaravea**
4 **filetes de pargo**, de unos
    175 g cada uno, sin espinas
2 **naranjas**
un manojo de **cilantro**, troceado
    (y un poco más para decorar)
4 cucharadas de **aceite de oliva**
sal y **pimienta**

Caliente una parrilla a fuego medio y cueza las zanahorias durante 3 minutos por cada lado, añadiendo la alcaravea después del primer minuto de cocción. Traslade las zanahorias a un cuenco y manténgalas calientes.

Cueza los filetes de pargo en la parrilla durante 3 minutos por cada lado. Mientras tanto, exprima 1 de las naranjas y corte la otra en cuartos. Cueza los cuartos de naranja en la parrilla hasta que estén marrones.

Añada el cilantro a las zanahorias y mézclelo bien. Salpimiente la mezcla al gusto y vierta el aceite y el zumo de naranja. Sirva el pescado cocido con las zanahorias y los cuartos de naranja. Decore el plato con un poco de cilantro.

Para preparar un puré de zanahorias y cilantro como acompañamiento alternativo para los filetes de pargo a la plancha, trocee 500 g de zanahorias peladas. Llévelas a ebullición en una cazuela con agua ligeramente salada y cuézalas hasta que estén muy blandas. Escúrralas y tritúrelas en una picadora junto con 2 cucharadas de nata y un poco de sal y pimienta. Cuando el puré esté realmente uniforme, añada 1 cucharada de hojas de cilantro picadas.

pastel de pescado
con cobertura crujiente de patata

4 raciones
tiempo de preparación
20 minutos
tiempo de cocción
45 minutos

400 g de **abadejo ahumado**
450 g de **filetes de salmón**,
  sin espinas y sin piel
150 g de **gambas crudas
  peladas**
1 **cebolla,** cortada por la mitad
1 **hoja de laurel**
unos **granos de pimienta**
500 ml de **leche**
100 ml de **nata para montar**
50 g de **mantequilla**
40 g de **harina**
sal y **pimienta**

para la **cobertura**
2 **patatas** grandes, peladas
25 g de **mantequilla**
75 g de **queso parmesano,**
  recién rallado

Ponga el abadejo, el salmón, las gambas, la cebolla, la hoja de laurel y los granos de pimienta en una cazuela grande. Vierta la leche y la nata por encima y llévelo a ebullición. Retire la cazuela del fuego y déjelo reposar durante 5 minutos.

Retire el pescado y las gambas del líquido, desmenuce el pescado en trozos grandes y colóquelos en un cuenco. Reserve el cuenco aparte. Cuele el líquido y deseche los tropezones.

Derrita la mantequilla en una cazuela a fuego medio. Añada la harina y remueva enérgica y constantemente para que se mezcle bien. Déjelo cocer durante 2 minutos y retire la cazuela del fuego. Incorpore progresivamente el líquido de cocción colado en la cazuela, sin parar de remover. Vuelva a poner la cazuela sobre el fuego y continúe removiendo hasta que la salsa rompa a hervir. Déjela cocer a fuego lento durante unos minutos y salpimiéntela al gusto. Vierta la salsa en el cuenco con el pescado y remuévalo suavemente para que la salsa recubra todo el pescado. Viértalo todo en un plato apto para el horno.

Cueza las patatas enteras en agua hirviendo ligeramente salada durante unos 10 minutos hasta que estén cocidas. Retire las patatas del agua y córtelas en rodajas finas de unos 3 mm de grosor y colóquelas sobre el pescado y úntelas con la mantequilla. Esparza el queso parmesano sobre las patatas y déjelo cocer todo en el horno (precalentado a 180 °C) durante 25 minutos hasta que las patatas estén doradas.

Para preparar patatas nuevas con guisantes al limón para acompañar el pastel de pescado, cueza 500 g de patatas nuevas y 300 g de guisantes. Escúrralos bien y colóquelos en un cuenco. Añada la ralladura de 1 limón, mantequilla y un poco de sal y pimienta. Mezcle bien.

confit de pez espada

4 raciones

tiempo de preparación
   10 minutos, más tiempo
   de refrigerado
tiempo de cocción **35 minutos**

2 cucharaditas de **tomillo**, picado
3 **dientes de ajo**, majados
½ cucharadita de **sal marina**
¼ de cucharadita de **chile
   seco majado**
4 filetes de **pez espada**,
   de unos 200 g cada uno,
   sin piel
150-200 ml de **aceite de oliva**
2 cucharadas de **zumo de limón**
4 cucharadas de **perejil**, picado
1 cucharada de **azúcar
   mascabado**
1 cucharada de **vodka**

Mezcle el tomillo, el ajo, la sal y los chiles y unte los filetes de pescado con la mezcla.

Coloque los filetes uno al lado del otro en un plato poco profundo apto para el horno en el que quepan cómodamente. Vierta aceite sobre el pescado hasta que quede cubierto. (Si el plato es muy grande, fórrelo de papel de aluminio, coloque los filetes encima y doble los bordes para no tener que usar demasiado aceite). Cubra el plato y guárdelo en el frigorífico durante 24 horas.

Cueza el pescado en el horno (precalentado a 180 °C) durante 30 minutos o hasta que el pescado esté bien cocido.

Use una espumadera para escurrir el pescado y sírvalo en platos calientes. Mezcle el zumo de limón, el perejil, el azúcar y el vodka con 4 cucharadas del jugo de cocción en una cazuela pequeña. Mézclelo bien, recaliéntelo un poco y viértalo sobre el pescado antes de servirlo.

Para preparar un ceviche de lubina, corte 300 g de filetes de lubina muy fresca sin piel en dados de 1 cm. Ponga los trozos de pescado en un cuenco no metálico junto con el zumo de 1 lima y el de 1 naranja. Mézclelo bien. Tape el cuenco y guárdelo en el frigorífico durante 2 horas. Retire el cuenco del frigorífico, salpimiente al gusto y añada 1 chile picado y 2 cucharadas de hojas de cilantro picadas.

vieiras con tomates y tocino

4 raciones

tiempo de preparación
10 minutos, más tiempo
de enfriado

tiempo de cocción **1 hora
y 30 minutos**

8 **tomates** pequeños,
cortados por la mitad
2 **dientes de ajo**, picados
8 **hojas de albahaca**
2 cucharadas de **aceite de oliva**
2 cucharadas de **vinagre
balsámico**
8 lonchas finas de **tocino**
16-20 **vieiras**, limpias
(opcionalmente sin huevas)
8 **corazones de alcachofa
en aceite** de buena calidad,
cortados por la mitad
150 g de **canónigos**, sin tallo
sal y **pimienta**

Coloque los tomates, uno junto al otro, con el corte hacia
arriba, en una fuente para el horno. Esparza el ajo y la albahaca
por encima y rocíelos con 1 cucharada de aceite y vinagre
y salpiméntelos bien. Déjelos cocer en el horno (precalentado
a 220 °C) durante 1 hora y 30 minutos.

Mientras, caliente una parrilla a fuego fuerte y cueza las
lonchas de tocino durante 2 minutos, girándolas una vez,
hasta que estén crujientes y doradas. Retírelas de la parrilla
y colóquelas en un plato con un trozo de papel de cocina
hasta que las necesite. Mantenga la parrilla sobre el fuego.

Cueza las vieiras durante 1 minuto por cada lado hasta que
empiecen a caramelizarse. Retírelas de la parrilla, tápelas
con papel de aluminio y déjelas reposar 2 minutos mientras
cuece los corazones de alcachofa en la parrilla hasta que
estén calientes y ligeramente carbonizados.

Mezcle los canónigos con el aceite de oliva restante
y el vinagre y sírvalos en platos. Coloque las alcachofas,
los tomates y las vieiras sobre los canónigos. Trocee
el tocino y espárzalo por encima. Sirva inmediatamente.

Para preparar una ensalada *niçoise* de vieiras, sazone
12 vieiras sin huevas y fríalas en 2 cucharadas de aceite
de oliva durante 1 minuto. Deles la vuelta y fríalas por el otro
lado durante otros 30 segundos. Mezcle en un cuenco 150 g
de corazones de alcachofa en conserva, 50 g de aceitunas
negras sin hueso, 8 tomates cherry cortados por la mitad
y 150 g de canónigos. Mezcle después 1 cucharada de vinagre
balsámico y 3 cucharadas de aceite de oliva. Salpimiente la
ensalada. Mezcle bien todos los ingredientes. Sirva la ensalada
con las vieiras rociadas con un chorrito de zumo de limón.

trucha de mar en *croûte*

4 raciones
tiempo de preparación
20 minutos
tiempo de cocción **25 minutos**

2 láminas enrolladas de **masa de hojaldre** descongeladas
1 **filete grueso de trucha de mar** de 625 g y unos 35 cm de largo, sin piel y sin espinas
125 g de **queso cremoso para untar**
3 cucharadas de **eneldo**, picado
1 **huevo**, ligeramente batido
sal y **pimienta**

para la **salsa**
1 cucharada de **aceite de oliva**
½ **cebolla**, picada
1 **diente de ajo**, majado
175 g de **berros**, sin los tallos más gruesos
200 ml de **nata para montar**

Ponga 1 lámina de masa de hojaldre sobre una bandeja antiadherente para el horno. Coloque el pescado en el centro de la masa y salpiméntelo. Mezcle el queso cremoso y el eneldo y extienda la mezcla sobre el pescado.

Unte la otra lámina de masa con un poco de huevo batido y colóquela encima del pescado, con la cara untada hacia abajo. Apriete bien la masa con los dedos alrededor del pescado para que quede bien sellado en la masa. Recorte la masa restante y deje un borde liso. Apriete los bordes para sellar bien la empanada.

Practique unos cortes diagonales cruzados en la parte superior de la masa para crear un estampado a rombos. Unte la parte cortada con un poco de huevo batido. Cueza la empanada en el horno (precalentado a 200 °C) durante 25 minutos hasta que la masa esté dorada.

Caliente el aceite en una cazuela y sofría la cebolla hasta que esté blanda. Añada el ajo y los berros y sofríalo todo hasta que estos últimos se ablanden completamente. Vierta la nata en la cazuela y llévelo a ebullición. Retire la cazuela del fuego y triture los ingredientes con una batidora hasta formar una salsa fina. También puede triturarlo en una licuadora. Si la salsa ha quedado un poco espesa, añada un poco más de nata o de caldo. Salpimiente la salsa al gusto.

Corte el pastel en trozos o en cuartos y sírvalo con la salsa de berros.

Para preparar salmón ahumado en *croûte*, siga la receta, sustituyendo la trucha de mar por 625 g de filete de salmón ahumado y añada la ralladura de 1 naranja al queso cremoso.

hamburguesas de salmón con sésamo

4 raciones
tiempo de preparación
10 minutos
tiempo de cocción
8 minutos

8 cucharadas de **semillas de sésamo**

4 cucharadas de **semillas de sésamo negro**

4 **filetes de salmón**, de unos 150 g cada uno, sin espinas y sin piel

2 cucharadas de **aceite de oliva**

1 cucharada de **aceite de sésamo tostado**

4 **panecillos crujientes de semillas de sésamo**

½ **pepino**, cortado en tiritas con un pelador de verduras

1 **cebolla roja** pequeña, cortada en rodajas finas

Coloque los dos tipos de semillas de sésamo en un plato grande y después ponga los filetes de salmón encima de forma que uno de los lados del filete quede cubierto de semillas. Caliente el aceite de oliva en una sartén poco profunda y fría el salmón a fuego medio durante 4 minutos por cada lado o hasta que esté dorado y bien cocido. Retire la sartén del fuego y rocíe los filetes con el aceite de sésamo tostado.

Abra los panecillos y tuéstelos en el grill del horno (precalentado). Ponga un poco de pepino y de cebolla sobre las rebanadas inferiores de los panecillos. A continuación añada un filete de salmón encima. Tape los panecillos con la rebanada superior y sírvalos acompañados de un poco más de pepino y cebolla.

Para preparar unos *sashimi* de sésamo y cilantro,

use 400 g de filete de salmón muy fresco, sin piel y sin espinas. Mezcle 1 cucharada de semillas de sésamo blanco y 1 cucharada de semillas de sésamo negro en un plato y cubra otro plato con cilantro bien picado. Coloque el filete de salmón sobre las semillas de sésamo, presionándolo ligeramente y después colóquelo sobre el cilantro picado. Con un cuchillo afilado, corte el filete por la mitad a lo largo y después corte las mitades en rodajas de 5 mm. Sirva el salmón acompañado de salsa de soja.

merluza con espinacas a la crema

4 raciones
tiempo de preparación
4 minutos
tiempo de cocción
20 minutos

4 trozos de **merluza**
de unos 200 g cada uno
2 cucharadas de **aceite de oliva**
2 **chalotas**, picadas
1 **diente de ajo**, majado
50 ml de **vino blanco**
500 g de **espinacas baby**,
lavadas
100 ml de **nata para montar**
125 g de **piñones**
sal y **pimienta**

Ponga la merluza en un plato apto para el horno, rocíela
con 1 cucharada de aceite y salpimiéntela. Déjela cocer
en el horno (precalentado a 200 °C) durante 6-8 minutos
o hasta que el pescado esté firme.

Mientras, caliente el aceite restante en una sartén grande.
Añada las chalotas y sofríalas hasta que estén blandas.
Agregue después el ajo y fríalo durante 1 minuto. Vierta
el vino en la sartén y déjelo hervir hasta que se haya evaporado
completamente.

Incorpore las espinacas a la sartén por fases y sofríalas
hasta que estén completamente blandas. A continuación
añada la nata y un poco de sal y pimienta.

Tueste ligeramente los piñones en una sartén sin aceite
a fuego lento.

Coloque unas cuantas espinacas a la crema en el centro
de cada plato. Coloque los trozos de merluza sobre las
espinacas y finalmente esparza los piñones por encima.

Para preparar una mantequilla de piñones para acompañar
la receta, mezcle 200 g de piñones ligeramente tostados
con 125 g de mantequilla blanda. Coloque la mantequilla
sobre un trozo de film transparente, enróllela y moldéela hasta
obtener la forma de un embutido. Póngala en el frigorífico
o en el congelador para que se solidifique. Cuando el
pescado esté casi cocido, coloque una rodaja de mantequilla
sobre cada trozo de pescado. Vuelva a poner la merluza
en el horno para que termine de cocerse y se derrita
la mantequilla. Sirva la merluza con las espinacas a la crema.

curry malasio de pez espada

4 raciones

tiempo de preparación
20 minutos

tiempo de cocción
20 minutos

750 g de **filetes de pez
espada**, sin piel, sin espinas
y cortados en trozos

3 **chalotas**, 2 picadas
y 1 cortada en rodajas finas

2 **dientes de ajo**, cortados
en láminas

15 g de **raíz de jengibre
fresco**, pelada y picada

¼ de cucharadita de **cúrcuma**

1 **chile rojo**, sin semillas y picado

400 ml de **leche de coco** en lata

6 **hojas de curry**

2 cucharaditas de **azúcar
de palma** o azúcar extrafino

3 cucharadas de **aceite vegetal**

1 cucharada de **semillas
de cilantro**, machacadas

2 cucharaditas de **semillas
de comino**, machacadas

2 cucharaditas de **semillas
de hinojo**, machacadas

15 g de **hojas de cilantro**,
picadas

sal y **pimienta**

Salpimiente el pez espada.

Ponga las chalotas picadas en una batidora junto con
1 diente de ajo, el jengibre, la cúrcuma, el chile y 2 cucharadas
de leche de coco. Píquelo todo hasta obtener una pasta fina,
haciendo caer los trozos que hayan quedado enganchados
en los lados del recipiente con una cuchara.

Traslade la pasta a una cazuela grande y añada la leche
de coco restante, las hojas de curry y el azúcar. Llévelo
a ebullición, reduzca el fuego y déjelo hervir a fuego lento
durante 5 minutos Añada el pescado y déjelo cocer a fuego
lento durante otros 10 minutos.

Caliente el aceite en una sartén pequeña. Añada
la chalota cortada en rodajas, el ajo restante y las semillas
de cilantro, comino e hinojo. Sofríalo todo durante 3 minutos.
Agregue el cilantro picado y finalmente reparta la mezcla
sobre el curry.

Para preparar un curry de pez espada y tomate, fría
2 cucharadas de semillas de hinojo, 2 de comino y 2 de
cilantro en 2 cucharadas de aceite vegetal durante 1 minuto.
Añada 1 cebolla cortada en rodajas y fríala hasta que empiece
a dorarse. Después incorpore 2 dientes de ajo laminados
y 1 cucharada de raíz de jengibre fresco picada. Fríalo
todo durante 1 minuto y después añada 2 latas de 400 g
de tomates troceados. Llévelo a ebullición y añada 1 cucharadita
de azúcar moreno. Agregue 750 g de pez espada sin piel
y sin espinas cortado en trozos de 1,5 cm. Déjelo cocer
a fuego lento durante 10 minutos hasta que el pescado
esté cocido. Salpiméntelo al gusto.

lubina con alioli de lima

4 raciones
tiempo de preparación
30 minutos
tiempo de cocción
8-10 minutos

4 **patatas** grandes, con piel
y cortadas en rodajas finas
4 cucharadas de **aceite de oliva**
4 **filetes de lubina** de unos
175-250 g cada uno,
sin espinas
sal y **pimienta**

para el **alioli**
4-6 **dientes de ajo**, majados
2 **yemas de huevo**
el zumo y la ralladura de **2 limas**
300 ml de **aceite de oliva**
virgen extra

para la **decoración**
unas **rodajas de lima**,
a la plancha
cebollino, troceado

Prepare el alioli. Ponga el ajo y las yemas de huevo
en el recipiente de una batidora o una licuadora. Añada
el zumo de lima y bátalo durante unos segundos para
que se mezcle bien. Con la batidora en marcha, agregue
progresivamente el aceite de oliva virgen extra en un chorro
constante hasta obtener una crema espesa. Pase el alioli
a un cuenco, añada la ralladura de lima y salpimiente al gusto.
Resérvelo aparte.

Unte las láminas de patata con el aceite de oliva. Salpiméntelas
y colóquelas sobre la rejilla del horno. Déjelas gratinar en el horno
(precalentado) durante 2-3 minutos por cada lado o hasta que
estén tiernas y doradas. Retírelas del horno y manténgalas
calientes.

Aplique unos cortes a los filetes de lubina y úntelos
con el aceite de oliva restante. Colóquelas sobre la rejilla
del horno, con la piel hacia abajo, y déjelos gratinar en el horno
durante 3-4 minutos, dándoles la vuelta una vez, hasta que
estén cocidos. Retírelos del horno, decórelos con unas rodajas
de lima a la parrilla y unos trozos de cebollino. Sirva el pescado
acompañado de las patatas y el alioli.

Para preparar lubina con vinagreta de lima a la parrilla,
corte 1 lima por la mitad. Caliente una sartén sin aceite hasta
que esté muy caliente y añada las mitades de lima, con el corte
hacia abajo. Deje que la lima se vuelva ligeramente negra. Retire
la sartén del fuego, exprima el zumo en la sartén y añada
1 cucharada de miel líquida y 3 cucharadas de aceite de oliva.
Salpimiente al gusto y sirva la vinagreta con los filetes de lubina,
cocidos en la sartén durante 3 minutos con la piel hacia abajo
y 1 minuto más por el otro lado.

limanda con *ratatouille*

4 raciones
tiempo de preparación
8 minutos
tiempo de cocción
30 minutos

12 **patatas nuevas cerosas**
  pequeñas lavadas
2 cucharadas de **aceite de oliva**
1 **pimiento amarillo**, sin semillas
  y cortado en dados de 1 cm
2 **calabacines** pequeños,
  cortados por la mitad en
  horizontal y las mitades en
  rodajas
300 g de **tomates cherry**
  maduros, cortados por la mitad
2 **cebollas tiernas**, picadas
12 **hojas de albahaca**
4 **falsas limandas enteras**,
  destripadas
50 g de **mantequilla**
1 **limón**
sal y **pimienta**

Cueza las patatas en agua salada hirviendo. Escúrralas, aclárelas con abundante agua fría para detener el proceso de cocción y déjelas escurrir.

Vierta 1 cucharada de aceite en una sartén a fuego fuerte. Añada el pimiento amarillo y fríalo durante 2 minutos hasta que esté ligeramente dorado pero crujiente. Agregue el calabacín y los tomates y déjelo cocer todo hasta que los tomates empiecen a romperse. Cuartee las patatas a lo largo y añádalas al resto de las verduras. Finalmente, añada las cebollas tiernas y las hojas de albahaca. Salpimiente al gusto.

Ponga las falsas limandas en una bandeja para el horno recubierta de papel de aluminio. Salpimiente el pescado y rócielo con el aceite de oliva restante. Déjelo gratinar en el horno (precalentado) durante 5-6 minutos por cada lado. Unte los trozos de pescado con un poco de mantequilla y rócielos con un poco de zumo de limón. Sirva el pescado acompañado de la *ratatouille* caliente.

Para preparar cuscús de *ratatouille* como acompañamiento alternativo para el pescado, cueza la *ratatouille* como en la receta pero sin las patatas. Mezcle la *ratatouille* con 300 g de cuscús cocido. Añada un buen puñado de hojas de albahaca y unas cuantas aceitunas negras sin hueso.

vieiras con limón y jengibre

3-4 raciones
tiempo de preparación
10 minutos
tiempo de cocción
10 minutos

15 g de **mantequilla**
2 cucharadas de **aceite vegetal**
8 **vieiras** limpias
  (opcionalmente sin huevas),
  cortadas en rodajas gruesas
½ manojo de **cebollas tiernas**,
  cortadas en finas rodajas
  diagonales
½ cucharadita de **cúrcuma**
3 cucharadas de **zumo de limón**
2 cucharadas de **vino de arroz**
  chino o **jerez seco**
2 trozos de **tallo de jengibre**
  en sirope, picado
sal y **pimienta**

Ponga un wok sobre el fuego hasta que esté caliente.
Añada la mantequilla y 1 cucharada de aceite y caliéntela
a fuego suave hasta que empiece a formar burbujas.
Incorpore las vieiras y saltéelas durante 3 minutos. Retire
el wok del fuego. Con una espumadera, traslade las vieiras
a una fuente y resérvelas aparte.

Vuelva a poner el wok sobre el fuego. Añada el aceite
restante y espere a que esté caliente. Agregue las cebollas
tiernas y la cúrcuma y saltéelas durante unos segundos.
Incorpore el zumo de limón y el vino de arroz o el jerez
y llévelo a ebullición. Finalmente añada el jengibre.

Reincorpore las vieiras al wok junto con su jugo y remueva
bien todos los ingredientes hasta que las vieiras estén
calientes. Salpimiente al gusto y sirva inmediatamente.

Para preparar vieiras con jengibre, cebollas tiernas
y anacardos, fría 1 cucharada de raíz de jengibre
fresco picada en 1 cucharada de aceite vegetal. Añada
2 cucharadas de salsa de ostras y 1 cucharada de agua.
Caliéntelo bien todo y resérvelo aparte. Caliente un poco
de aceite vegetal en otra sartén hasta que esté muy caliente.
Salpimiente 8 vieiras limpias y fríalas durante 1 minuto
por cada lado. Después introdúzcalas en la salsa de ostras
y añada 4 cebollas tiernas y 50 g de anacardos salados.
Sirva inmediatamente.

curry de rape y boniatos

4 raciones

tiempo de preparación
15 minutos
tiempo de cocción
18-20 minutos

2 **tallos de citronela**, troceados

2 **chalotas**, troceadas

1 **chile rojo** grande, sin semillas

1 **diente de ajo**

1 trozo de 1,5 cm de **raíz de jengibre fresco,** pelada y picada

3 cucharadas de **aceite de cacahuete**

2 latas de 400 ml de **leche de coco**

2 **boniatos**, cortados en dados de 1,5 cm

2 **colas de rape** grandes, cortadas en trozos grandes

2 cucharadas de **salsa de pescado tailandesa**

1 cucharadita de **azúcar moreno**

1 ½ cucharadas de **zumo de lima**

2 cucharadas de **cilantro** troceado, para decorar

Ponga la citronela, las chalotas, el chile, el ajo, el jengibre y el aceite en una batidora y tritúrelo todo hasta obtener una pasta fina.

Caliente una cazuela a fuego medio y fría la pasta durante 2 minutos hasta que empiece a desprender su aroma. Después añada la leche de coco. Llévelo a ebullición y déjelo cocer durante 5 minutos hasta que el líquido adquiera una consistencia cremosa. Agregue los boniatos y déjelos cocer hasta que estén tiernos.

Añada el rape cuando los boniatos estén casi cocidos y déjelo cocer todo a fuego lento durante otros 5 minutos o hasta que el pescado esté firme. Finalmente incorpore la salsa de pescado, el azúcar y el zumo de lima. Pruebe el curry y corrija al gusto. Decore el plato con un poco de cilantro y sírvalo acompañado de un poco de arroz tailandés muy cocido.

Para preparar rape asado a la tailandesa con calabaza

y chile, mezcle 2 cucharadas de pasta de curry rojo tailandés con 4 cucharadas de yogur natural. Sumerja 2 colas de rape cortadas en trozos grandes en la mezcla y déjelas marinar en el frigorífico durante al menos 20 minutos (preferiblemente toda una noche). Fría los trozos de pescado en un poco de aceite vegetal. Corte una calabaza de 500 g por la mitad. Retire las semillas y córtela en dados de 2,5 cm. Espolvoree la calabaza con unos copos de chile seco y ásela en el horno (precalentado a 200 °C) durante 15-20 minutos, removiéndola de vez en cuando, hasta que esté tierna. Sirva el plato acompañado de un poco de yogur natural mezclado con cilantro picado.

pastel de salmón, gambas y espinacas

6 raciones
tiempo de preparación
  30 minutos
tiempo de cocción
  40-45 minutos

675 g de **masa de hojaldre**
  (descongelada si es
  congelada)
harina para espolvorear
25 g de **mantequilla**
2 **chalotas**, picadas
la ralladura de 1 **limón**
2 cucharadas de **harina**
300 ml de **nata**
½ cucharadita de **nuez**
  moscada rallada
250 g de **hojas de espinaca**
  descongeladas
500 g de **filete de salmón**,
  sin espinas, sin piel y cortado
  en dados
250 g de **gambas crudas**
  peladas
1 cucharada de **estragón**,
  picado
1 **huevo**, batido
sal y **pimienta**

Extienda la mitad de la masa de hojaldre sobre una superficie de trabajo ligeramente enharinada hasta obtener un rectángulo de 25 × 35 cm. Repita el proceso con la otra mitad de la masa. Cubra los rectángulos con un paño de cocina limpio y déjelos reposar.

Derrita la mantequilla en una cazuela y sofría las chalotas y la ralladura de limón durante 3 minutos. Añada la mantequilla y déjelo cocer durante 30 segundos. Retire la cazuela del fuego. Agregue la nata y caliente a fuego lento, sin parar de remover, durante 2 minutos hasta que espese. Retire la cazuela del fuego y condimente la salsa con nuez moscada, sal y pimienta. Tape la cazuela con film transparente y déjela enfriar.

Escurra bien las espinacas y salpiméntelas un poco. Extienda un trozo de la masa sobre una bandeja para horno grande cubierta con papel sulfurizado y reparta las espinacas por encima, dejando un borde de 2,5 cm a derecha e izquierda y un borde de 5 cm arriba y abajo.

Mezcle el salmón, las gambas y el estragón con la crema y extiéndala sobre las espinacas con una cuchara. Unte los bordes de la masa con agua y coloque el otro rectángulo de masa encima, presionando bien los bordes con los dedos.

Recorte la masa sobrante y selle bien los bordes con los dedos. Unte el pastel con el huevo batido y pínchelo con un tenedor para dejar que salga el vapor.

Ponga el pastel en una bandeja para el horno caliente y cuézalo en el horno (precalentado a 220 °C) durante 20 minutos. Reduzca la temperatura a 190 °C y déjelo cocer durante otros 15 minutos hasta que la masa se haya hinchado y esté dorada.

rape envuelto en jamón de Parma

4 raciones
tiempo de preparación
15 minutos
tiempo de cocción
10-15 minutos

2 **colas de rape** grandes
o 4 pequeñas
12 lonchas de **jamón de Parma**
100 ml de **vino blanco**
4 cucharadas de **zumo de limón**
500 g de **patatas nuevas**,
lavadas
2 **ramitas grandes de menta**
y 12 **hojas de menta**,
troceadas
25 g de **mantequilla**
300 g de **guisantes
descongelados**
sal y pimienta

Sazone las colas de rape con pimienta y envuélvalas
en el jamón de Parma. Coloque las colas envueltas en un plato
apto para el horno y áselas en el horno (precalentado a 190 °C)
durante 5 minutos. Vierta el vino y el zumo de limón por encima.
Vuelva a poner el plato en el horno y déjelo cocer durante
otros 5 minutos.

Mientras, cueza las patatas en agua ligeramente salada
hirviendo junto con las ramitas de menta durante 10 minutos
o hasta que estén tiernas. Déjelas escurrir, añada un poco
de mantequilla y salpiméntelas.

Cueza los guisantes en agua salada hirviendo. Escúrralos
y macháquelos un poco con un tenedor. Añada la mantequilla
restante y las hojas de menta. Salpimiente al gusto.

Retire las colas de rape del horno y córtelas en 4 o en 2 trozos
dependiendo del número de colas que esté usando. Sirva el
rape asado sobre los guisantes machacados y con las patatas
nuevas como guarnición. Vierta 1 cucharada del jugo de cocción
por encima.

Para preparar un puré de guisantes y habas a la

menta como acompañamiento alternativo para el rape
si lo va a servir como entrante, hierva 250 g de guisantes
descongelados y 250 g de habas descongeladas en agua
hirviendo durante 1 minuto. Escúrralos y póngalos en el
recipiente de la batidora junto con 50 ml de nata para montar
y un puñadito de hojas de menta seleccionadas. Tritúrelo
todo hasta obtener un puré fino. Salpiméntelo al gusto.

tagine marroquí de pescado

4 raciones
tiempo de preparación
  15 minutos
tiempo de cocción
  55 minutos

750 g de **filetes de pescado blanco** (bacalao, lubina o rape), sin espinas, sin piel y cortados en trozos de 5 cm
½ cucharadita de **semillas de comino**
½ cucharadita de **semillas de cilantro**
6 **vainas de cardamomo**
4 cucharadas de **aceite de oliva**
2 **cebollas** pequeñas, cortadas en rodajas finas
2 **dientes de ajo**, majados
½ cucharadita de cúrcuma
1 **rama de canela**
40 g de **pasas sultanas**
25 g de **piñones**, ligeramente tostados
150 ml de **caldo de pescado** (*véase* pág. 15)
la ralladura de 1 **limón** y 1 cucharada de zumo
sal y **pimienta**
perejil picado, para decorar

Salpimiente los filetes de pescado.

Pique las semillas de comino, las de cilantro y las vainas de cardamomo en un mortero. Deseche las vainas de cardamomo y deje las semillas.

Caliente el aceite en una sartén grande y poco profunda y sofría las cebollas durante 6-8 minutos hasta que estén doradas. Añada el ajo, las especias picadas, la cúrcuma y la canela y sofríalo todo, sin parar de remover, durante 2 minutos. Agregue los trozos de pescado, removiéndolos en la sartén para que queden recubiertos de aceite. Traslade el pescado y la cebolla a una fuente apta para el horno y esparza las pasas sultanas y los piñones por encima.

Añada el caldo y la ralladura de limón a la sartén y lleve la mezcla a ebullición. Vierta la mezcla alrededor del pescado. Tape la fuente y deje cocer el pescado en el horno (precalentado a 160 °C) durante 40 minutos. Decore el plato con perejil antes de servirlo.

Para preparar un cuscús de granada y cilantro

para acompañar el pescado, lleve 400 ml de caldo de verduras a ebullición. Viértalo sobre 300 g de cuscús en un cuenco antitérmico. Tápelo con film transparente y déjelo cocer al vapor durante 5 minutos. A continuación añada las semillas, los granos de 1 granada y 2 cucharadas de hojas de cilantro troceadas. Finalmente, incorpore 2 cucharadas de aceite de oliva y el zumo de ½ limón y salpimiente al gusto.

rarebit y bacalao

4 raciones
tiempo de preparación
5 minutos
tiempo de cocción
15 minutos

2 cucharadas de **mostaza en grano**
3 cucharadas de **cerveza o leche**
250 g de **queso cheddar**, rallado
2 cucharadas de **aceite de oliva**
4 trozos de **filete de bacalao** de unos 200 g cada uno, sin espinas
sal y **pimienta**

Mezcle la mostaza, la cerveza o la leche y el queso en una cazuela pequeña. Póngala sobre el fuego a baja potencia y deje que el queso se derrita. Remuévalo de vez en cuando y no deje que llegue a hervir, ya que el queso se cuajaría. Retire la cazuela del fuego y déjelo enfriar y espesar.

Caliente una sartén a fuego fuerte con el aceite. Sazone el pescado y póngalo en la sartén, con la piel hacia abajo. Déjelo cocer durante 4-5 minutos hasta que la piel esté crujiente. Dele la vuelta al pescado y déjelo cocer durante 1 minuto por el otro lado.

Extienda la mezcla de queso sobre los 4 trozos de bacalao y déjelos gratinar en el horno (precalentado) hasta que estén dorados.

Para preparar una salsa de mostaza en grano y nata para acompañar el bacalao frito, poche 2 chalotas picadas en una cazuela pequeña con 1 diente de ajo majado en un poco de aceite de oliva. Añada 100 ml de caldo de pollo y 200 ml de nata para montar a la cazuela y llévelo a ebullición. Agregue 1 cucharada de mostaza en grano.

besugo a la sal

4 raciones
tiempo de preparación
15 minutos
tiempo de cocción
25 minutos

1,75 kg de **sal marina gruesa**
1,25-1,5 kg de **besugo**
1 manojo pequeño de **hierbas
aromáticas** (tomillo, perejil
e hinojo), y un poco más
para decorar
1 **limón**, cortado en rodajas
y unas **rodajas de limón**,
para decorar
pimienta
alioli (*véase* pág. 178),
para acompañar

Recubra una fuente para el horno (en la que quepa el pescado
entero) con papel de aluminio y cubra la base de la fuente con
una fina capa de sal. Limpie el pescado (sin secarlo) y póngalo
sobre la sal (si no cabe, colóquelo en diagonal). Introduzca
las hierbas aromáticas y las rodajas de limón en las tripas
del pescado y condiméntelo con pimienta.

Envuelva el pescado con el papel de aluminio de forma
que el pescado quede totalmente recubierto con una capa
de sal de 1,5 cm.

Cubra el pescado con una capa de sal de 1 cm de grosor.
Rocíe un poco de agua por encima de la sal. Coloque la fuente
en el horno (precalentado a 200 °C) y deje cocer el pescado
durante 25 minutos. Para comprobar que el pescado está
cocido, clave un palillo metálico en la parte más gruesa y déjelo
clavado durante unos segundos antes de retirarlo. Si el palillo
está muy caliente, el pescado está cocido.

Retire la costra de sal y pele el pescado. Corte la parte superior
del pescado en trozos grandes. Retire la espina central y la cabeza
y sirva el filete inferior entero acompañado de los trozos del
superior. Decore el plato con unas rodajas de limón y unas hierbas
aromáticas y sírvalo acompañado de alioli (*véase* pág. 178).

Para preparar besugo en costra de hierbas aromáticas,
pique 1 buen manojo de perejil y 1 cucharada de romero
picado junto con 250 g de pan fresco rallado y 150 g
de mantequilla blanda. Salpimiente al gusto. Extienda la
mezcla sobre la parte sin piel de 4 filetes grandes de besugo
y cuézalos en el horno (precalentado a 180 °C) durante
10 minutos. Sirva con el alioli (*véase* pág. 178).

trucha en costra con *beurre blanc*

4 raciones

tiempo de preparación
  7 minutos

tiempo de cocción **18 minutos**

125 g de **copos finos de avena**

3 cucharadas de **perejil**, picado

1 cucharada de **romero**, picado

4 **truchas arcoíris** o **truchas
  comunes** sin tripas, ni escamas
  y fileteadas

3 cucharadas de **aceite de oliva**

1 **chalota,** picada

2 cucharadas de **vino blanco**

1 cucharada de **vinagre de vino
  blanco**

125 g de **mantequilla**, cortada
  en dados

1 cucharada de **zumo de limón**

sal y **pimienta**

mahonesa con limón, para
  acompañar (opcional; *véase*
  derecha inferior)

Mezcle los copos de avena, el perejil y el romero con un
poco de sal y pimienta. Use la mezcla para rebozar los filetes
de trucha. Caliente el aceite en una sartén. Fría los filetes
por fases durante 3 minutos por cada lado o hasta que estén
crujientes y dorados.

Mientras, ponga la chalota, el vino y el vinagre en una cazuela
pequeña y llévelo a ebullición. Déjelo hervir a fuego lento hasta
que sólo quede 1 cucharada de líquido. Retire la cazuela del
fuego y añada la mantequilla gradualmente. El calor residual
de la cazuela derretirá la mantequilla. Cuando se haya derretido
toda la mantequilla, añada el zumo de limón y salpimiente
al gusto. Sírvalo inmediatamente con la trucha y, si lo desea,
con la mahonesa de limón (*véase* inferior).

Para preparar una mahonesa al limón para acompañar,
ponga 1 yema de huevo en un cuenco con ½ cucharadita
de mostaza de Dijon. Mézclelo bien y añada gradualmente
250 ml de aceite de oliva suave, sin parar de remover.
Una vez incorporado todo el aceite, exprima el zumo
de ½ limón y salpimiente al gusto. Remueva la mahonesa
una última vez.

fish & chips

4 raciones
tiempo de preparación
25 minutos
tiempo de cocción **30 minutos**

125 g de **harina con levadura**
(y un poco para espolvorear)
½ cucharadita de **levadura
en polvo**
¼ de cucharadita de **cúrcuma**
200 ml de **agua fría**
1,5 kg de **patatas** grandes
1 pieza de 750 g de **bacalao**
o **de filetes de abadejo,**
sin espinas y sin piel
aceite de girasol, para freír
sal y **pimienta**
**guisantes machacados
a la menta** (*véase* pág. 210),
para acompañar

Mezcle la harina, la levadura en polvo, la cúrcuma y 1 pizca
de sal en un cuenco y haga una hendidura en el centro.
Vierta la mitad del agua en la hendidura. Mezcle gradualmente
la harina con el agua y amásela hasta obtener una masa fina.
A continuación añada el resto del agua.

Corte las patatas en rodajas de 1,5 cm y córtelas a lo largo
en tiras. Póngalas en un cuenco con agua fría.

Seque el pescado con papel de cocina y córtelo en 4 trozos.
Sazónelo y enharínelo un poco. Escurra bien las patatas
y séquelas sobre papel de cocina.

Vierta el aceite en una freidora o una cazuela grande hasta
una altura de 7 cm. Caliéntelo a 180-190 °C o hasta que una
cucharada de la masa se dore en el aceite en 30 segundos.
Fría la mitad de las patatas durante 10 minutos o hasta
que estén doradas. Déjelas escurrir y manténgalas calientes
mientras fríe el resto de las patatas. Mantenga las patatas
calientes mientras fríe el pescado.

Sumerja 2 trozos de pescado en la masa y después en el aceite
caliente. Fríalas durante 4-5 minutos o hasta que estén crujientes
y dorados. Escúrralos y manténgalos calientes mientras fríe
el resto de trozos. Sirva el pescado acompañado de las patatas
y unos guisantes machacados a la menta (*véase* pág. 210).

Para preparar un *chutney* de tomate para acompañar,
trocee 1,25 kg de tomates y pique 1 cebolla. Póngalos en
una cazuela junto con 150 g de azúcar extrafino y 150 ml
de vinagre de malta. Llévelo a ebullición y déjelo cocer a fuego
lento durante 1 hora hasta que espese. Remueva de vez
en cuando. Déjelo enfriar y guárdelo en botes esterilizados.

lenguado con limón y salvia

4 raciones
tiempo de preparación
. **3 minutos**
tiempo de cocción **30 minutos**

500 g de **patatas nuevas**,
  lavadas
unas **ramitas de romero**
3 cucharadas de **aceite de oliva**
2 **lenguados**, fileteados
  y sin espinas
la ralladura y el zumo de 1 **limón**
50 ml de **nata para montar**
6 **hojas de salvia**, troceadas
sal y **pimienta**

Cueza las patatas nuevas en agua salada hirviendo durante 6-8 minutos hasta que estén prácticamente cocidas. Escúrralas y póngalas en un plato apto para el horno junto con el romero. Rocíe 1 cucharada de aceite por encima y sazónelas. Áselas en el horno (precalentado a 200 °C) durante 20 minutos o hasta que estén doradas. Apague el horno y deje las patatas dentro para mantenerlas calientes mientras cuece el pescado.

Caliente otra cucharada de aceite en una sartén grande. Salpimiente el pescado y póngalo, con la piel hacia abajo, en la sartén caliente. Cueza el pescado por la parte de la piel durante 3-4 minutos o hasta que la piel esté crujiente. Dele la vuelta el pescado y cuézalo durante 1 minuto por el otro lado. Retire el pescado de la sartén y manténgalo caliente mientras prepara la salsa.

Ponga el zumo y la ralladura de limón, la nata y la salvia en la cazuela y mezcle bien todos los ingredientes. Añada un poco de agua si la salsa se espesa demasiado.

Vierta la salsa sobre el pescado y sírvalo acompañado de las patatas nuevas.

Para preparar lenguado frito con ensalada templada de patata e hinojo, ponga 500 g de patatas nuevas cocidas y calientes en un cuenco junto con 1 bulbo de hinojo cortado en rodajas finas. Fría en un poco de aceite 1 cucharada de semillas de mostaza amarilla hasta que empiecen a saltar. Mézclelas con las patatas. Prepare la salsa como en la receta, prescindiendo de la salvia. Vierta la salsa sobre las patatas y el hinojo, sazónelos y sírvalos junto con el lenguado, cocinado como en la receta.

paquetitos orientales de pez espada

4 raciones
tiempo de preparación
20 minutos
tiempo de cocción **20 minutos**

2 cucharadas de **aceite de
sésamo** (y un poco para untar)
4 **filetes de tiburón** o **de pez
espada**, de unos 200 g cada
uno, sin espinas y sin piel
75 g de **setas shiitake**,
troceadas
50 g de **guisantes dulces**,
cortados por la mitad a lo largo
1 **chile rojo suave**, sin semillas
y cortado en rodajas finas
40 g de **raíz de jengibre fresco**,
pelada y rallada
2 **dientes de ajo**, majados
2 cucharadas de **salsa de soja
clara**
2 cucharadas de **zumo de lima**
2 cucharadas de **salsa de chile
dulce**
4 cucharadas de **cilantro**, picado

Corte 4 cuadrados de 30 cm de papel sulfurizado antiadherente
y unte el centro de los cuadrados con un poco de aceite
de sésamo. Ponga 1 trozo de pescado en el centro de cada
cuadrado. Mezcle las setas, los guisantes dulces y el chile
y reparta la mezcla sobre el pescado.

Mezcle el aceite restante, el jengibre y el ajo y reparta la mezcla
sobre las verduras. Pliegue los bordes del papel hasta formar
un paquetito y aplánelo suavemente.

Aplane los bordes y pliéguelos de nuevo para sellar bien
el paquete. Ponga los paquetitos en una bandeja del horno
y déjelos cocer en el horno (precalentado a 190 °C) durante
20 minutos. Abra 1 de los paquetitos para comprobar que
el pescado esté bien cocido. Si es necesario, deje cocer los
paquetitos unos minutos más.

Mientras, mezcle la salsa de soja, el zumo de lima, la salsa
de chile dulce y el cilantro. Abra los paquetitos y vierta el aliño
sobre el pescado antes de servirlo.

Para preparar paquetitos orientales de mejillones, reparta
1 kg de mejillones limpios (*véase* pág. 12), 1 chile rojo picado
y 1 trozo de 2,5 cm de raíz de jengibre fresco picada y 1 diente
de ajo picado sobre 4 cuadrados grandes de papel sulfurizado
antiadherente. Mezcle 125 ml de leche de coco y 1 cucharada
de salsa de pescado tailandesa. Sazone al gusto y reparta
finalmente los mejillones entre los cuadrados. Pliegue los bordes
del papel para sellar los paquetitos. Déjelos cocer en el horno
(precalentado a 200 °C) durante 6-8 minutos. Abra un paquetito
para comprobar que los mejillones estén abiertos. Si no lo están,
déjelos cocer durante unos minutos más. Espolvoree un poco
de cilantro picado por encima y sírvalos acompañados de pan.

besugo con hinojo y vermut

4 raciones

tiempo de preparación
4 minutos

tiempo de cocción **25 minutos**

50 g de **mantequilla**

3 cucharadas de **aceite de oliva**

2 **bulbos de hinojo**, cortados
en 8 trozos (guarde los tallos)

3 cucharadas de **vermut seco**

4 cucharadas de **agua**

2 cucharaditas de **semillas de
hinojo**

1 **chile rojo seco**

4 **filetes de besugo**, de unos
200 g cada uno, sin espinas

8 **tomates secos en aceite**
picados, con un poco de su
aceite

1 cucharada de **vinagre
balsámico espeso**

sal y **pimienta**

Caliente la mantequilla y 1 cucharada de aceite en una sartén
con tapa poco profunda. Ponga el hinojo en la sartén y fríalo
hasta que esté dorado por un lado. Añada el vermut y el agua.
Tape la sartén y déjelo cocer a fuego lento o póngala en el
horno (precalentado a 160 °C) durante 20 minutos o hasta
que el hinojo esté tierno. Es posible que tenga que añadir
un poco de agua si la sartén se seca demasiado.

Caliente una sartén, añada las semillas de hinojo y el chile
y fríalos durante 1 minuto hasta que empiecen a desprender
su aroma. Macháquelos en un mortero hasta que el chile esté
desmenuzado y las semillas estén ligeramente machacadas.

Practique cortes en la piel del pescado y rocíelo con aceite de
oliva. Esparza el hinojo y el chile machacados sobre el pescado.
Salpimiente el pescado. Caliente el aceite restante en una
sartén, cueza el pescado con la piel hacia abajo durante unos
4 minutos o hasta que la piel esté crujiente. Dele la vuelta al
pescado y déjelo cocer durante 1 minuto más por el otro lado.

Ponga el hinojo cocido en el centro de un plato y coloque
el pescado encima. Esparza los tallos del hinojo, unos tomates
secos, el vinagre y el jugo de cocción por encima.

Para preparar una ensalada crujiente de hinojo como
acompañamiento alternativo para el pescado, corte 2 bulbos
de hinojo y 10 rábanos en rodajas finas con un cuchillo muy
afilado. Sumérjalos en agua fría durante 10 minutos para que
estén realmente crujientes. A continuación retírelos del agua
y escúrralos bien. Mezcle 1 chile rojo sin semillas y picado,
el zumo de 1 lima y 3 cucharadas de aceite de oliva y aliñe
la ensalada con la mezcla. Sirva la ensalada con el besugo
y rocíelo todo con un chorrito de vinagre balsámico espeso.

platija rellena de chorizo con tomates

4 raciones
tiempo de preparación
20 minutos
tiempo de cocción
20-25 minutos

100 g de **chorizo**
100 g de **pan fresco rallado**
2 cucharadas de **pasta de
tomate seco**
5 cucharadas de **aceite de oliva**
2 **platijas** grandes, cortadas en
8 filetes, sin espinas y sin piel
8 **tomates** maduros, pequeños
o 4 tomates grandes, cortados
por la mitad
unas **ramitas de tomillo**
1 chorrito de **vino blanco**
sal y **pimienta**

Corte el chorizo en trozos y tritúrelo con una picadora. También puede picarlo a mano con un cuchillo. Añada el pan rallado, la pasta de tomate y 1 cucharada de aceite y tritúrelo todo hasta que quede bien mezclado.

Extienda los filetes de platija, con la piel hacia arriba, sobre la superficie de trabajo. Úntelos con una fina capa de la mezcla de chorizo y enróllelos empezando por el extremo más grueso.

Ponga los rollos de pescado en un plato grande poco profundo apto para el horno y reparta los tomates y el tomillo alrededor del pescado. Rocíelo con el aceite restante y el vino. Sazone el pescado con un poco de sal y pimienta.

Cueza el pescado en el horno (precalentado a 200 °C) durante 20-25 minutos o hasta que el pescado esté cocido.

Para preparar rollos de platija aromática con tapenade, esparza 1 cucharada de tapenade de olivas negras sobre 4 filetes de platija sin piel y sin espinas. Mezcle 1 cucharada de menta picada y 1 cucharada de perejil picado y la ralladura de 1 limón. Salpimiente al gusto. Reparta las hierbas sobre el pescado. Enrolle los filetes empezando por el extremo más grueso. Fije los rollos con un palillo. Coloque los rollos en un plato apto para el horno y áselos en el horno (precalentado a 180 °C) durante 8 minutos.

salmón en costra de rábano picante

4 raciones
tiempo de preparación
10 minutos
tiempo de cocción **20 minutos**

4 **filetes de salmón** de unos
200 g cada uno, con piel
y sin espinas
4 cucharadas de **salsa de
rábano picante suave**
125 g de **pan fresco rallado**
20 **yemas de espárrago**
1 cucharada de **aceite de oliva**
4-5 cucharadas de *crème
fraîche*
4 cucharadas de **zumo de limón**
1 cucharada de **perejil**, picado
sal y **pimienta**

Ponga los filetes de salmón en un plato apto para el
horno, con la piel hacia abajo. Unte la parte superior de los
filetes con 1 cucharada de salsa de rábano picante y espolvoree
el pan rallado por encima. Cuézalos en el horno (precalentado
a 180 °C) durante 12-15 minutos hasta que el pescado esté
cocido y el pan rallado esté dorado.

Mientras, escalde los espárragos en agua salada hirviendo
durante 2 minutos. Escúrralos y póngalos en una parrilla muy
caliente con el aceite y cuézalos hasta que estén ligeramente
chamuscados. Salpiméntelos al gusto.

Mezcle la *crème fraîche*, el zumo de limón y el perejil
y salpimiente la mezcla.

Sirva el salmón con los espárragos a la parrilla y la *crème
fraîche* con limón.

Para preparar salmón asado con salsa de rábano picante,
salpimiente el salmón y áselo en el horno como en la receta.
Ponga una chalota picada en una cazuela con un poco de
aceite de oliva y déjela cocer hasta que esté blanda. Retírela
de la cazuela y añada 2 cucharadas de salsa de rábano
picante y 6 cucharadas de *crème fraîche*. Salpimiente
al gusto. Sirva el salmón acompañado de la salsa.

panecillos de merluza empanada con guisantes machacados

2 raciones
tiempo de preparación
12 minutos
tiempo de cocción
10-12 minutos

125 g de **guisantes congelados**
25 g de **mantequilla**
15 g de **menta**, picada
20 g de **pan fresco rallado**
la ralladura de 1 **limón**
15 g de **perejil**, picado
1 **huevo**, ligeramente batido
2 **filetes de merluza**, de unos
  125 g cada uno, sin espinas
75 ml de **aceite vegetal**
2 **panecillos** grandes,
  enharinados, abiertos por
  la mitad
sal y **pimienta**
salsa tártara, para acompañar

Cueza los guisantes en agua hirviendo durante unos 4 minutos hasta que estén blandos. Escúrralos y vuelva a ponerlos en la cazuela junto con la mantequilla y un poco de sal y pimienta. Use un machacador de patatas para majar los guisantes hasta obtener una especie de puré. Añada la menta, remuévalo bien y reserve los guisantes aparte.

Mezcle el pan rallado con la ralladura de limón, un poco de sal y pimienta y el perejil y espolvoree la mezcla sobre un plato grande. Vierta el huevo batido en un cuenco poco profundo. Moje los filetes de merluza en el huevo antes de pasarlos por el pan rallado hasta que queden completamente recubiertos.

Caliente el aceite en una sartén a fuego medio-fuerte y añada el pescado. Déjelo cocer 4 minutos, dele la vuelta una vez, hasta que el pescado esté bien cocido y el pan rallado dorado y crujiente.

Unte las bases de los panecillos con los guisantes machacados y coloque el pescado empanado encima. Tape los panecillos con la mitad superior y tuéstelos en una sandwichera durante 2-3 minutos o siguiendo las indicaciones del fabricante hasta que el pan esté dorado y crujiente. Corte los panecillos en cuartos y sírvalos inmediatamente con un poco de salsa tártara.

Para preparar unos panecillos de merluza empanada y ensalada de col, cueza la merluza como en la receta. Mientras tanto, ralle 2 zanahorias y corte en juliana 100 g de col blanca y 100 g de col lombarda. Póngalas en un cuenco y añada la ralladura de 1 limón, 1 cucharadita de mostaza de Dijon, 1 cucharada de mahonesa y 1 cucharada de *crème fraîche*. Salpimiente al gusto y añada un chorrito de salsa de tabasco. Coloque la merluza dentro de panecillos tostados y ponga la ensalada de col encima del pescado.

tarta de anchoas y cebolla caramelizada

4 raciones

tiempo de preparación
25 minutos, más tiempo de
refrigerado
tiempo de cocción **45 minutos**

25 g de **mantequilla**
2 cucharadas de **aceite de oliva**
3 **cebollas** grandes, cortadas
en rodajas finas
2 **ramitas de tomillo**
2 **huevos**
100 ml de **leche**
100 ml de **nata para montar**
2 **tomates**, cortados en rodajas
finas
8 **filetes de anchoa en aceite**,
escurridos
sal y pimienta

para la **masa**
200 g de **harina** (y un poco más
para espolvorear)
85 g de **mantequilla**, ligeramente
salada, refrigerada y cortada
en dados
1 **huevo** y 1 **yema de huevo**

Ponga la harina, la mantequilla, el huevo y la yema de huevo en una batidora y bátalo todo hasta que se forme una masa blanda. Si la masa no se liga, añada un chorrito de agua fría. Saque la masa de la batidora y amásela hasta que esté lisa. Póngala en una bolsa para congelados o envuélvala en film transparente y guárdela en el frigorífico durante al menos 30 minutos.

Extienda la masa sobre una superficie de trabajo enharinada hasta que tenga un grosor de unos 3 mm. Recubra con ella un molde para tartas de borde rizado de 23 cm de diámetro. Recorte la masa sobrante. Póngala 1 hora en el frigorífico.

Cubra la tarta con un trozo de papel sulfurizado antiadherente y coloque unos pesos encima. Cuézala en el horno (precalentado a 180 ºC) durante 10-12 minutos hasta que la masa esté ligeramente dorada. Retire la tarta del horno, el papel sulfurizado y los pesos. Vuelva a poner la tarta en el horno y déjela cocer otros 2 minutos para que se seque la base del molde. Retire la tarta del horno y resérvela aparte. Deje el horno encendido.

Mientras, caliente la mantequilla y el aceite en una sartén. Añada las cebollas y el tomillo y fríalos a fuego lento durante unos 20 minutos hasta que las cebollas estén doradas.

Retire el tomillo y extienda la mezcla sobre la base de la tarta. Bata los huevos, la leche y la nata en un cuenco. Salpimiente al gusto y vierta la mezcla sobre las cebollas. Cueza la tarta en el horno durante 10 minutos hasta que la mezcla se hinche un poco y empiece a cuajar. Retire la tarta del horno y coloque los tomates y las anchoas encima de la tarta. Vuelva a ponerla en el horno durante otros 10-15 minutos hasta que el relleno haya cuajado por completo. Déjela enfriar durante 5 minutos antes de servir.

hamburguesas de cangrejo

4 raciones
tiempo de preparación
15 minutos
tiempo de cocción
20-30 minutos

2 cucharadas de **aceite de oliva**
1 **cebolla**, picada
2 **pimientos verdes**, sin semillas
y picados
2 **dientes de ajo**, majados
½ manojo de **cebollas tiernas**,
picadas
125 g de **pan fresco**, rallado
250 g de **carne blanca y carne
marrón de cangrejo fresca**
1 cucharada de **salsa
Worcestershire**
½ cucharadita de **pimienta
de cayena**
3 cucharadas de **perejil picado**
1 **huevo**, batido
aceite de girasol, para freír
sal
lechuga iceberg, para
acompañar
confitura de tomate en bote,
para acompañar (opcional)

Caliente el aceite de oliva en una sartén y sofría la cebolla
y los pimientos verdes durante 5 minutos o hasta que estén
blandos. Añada el ajo y las cebollas tiernas y sofríalo todo
otros 5 minutos. Ponga las verduras en un cuenco.

Añada el pan rallado, la carne de cangrejo, la salsa
Worcestershire, la pimienta de cayena, el perejil y el huevo
batido y agregue una pizca de sal. Mezcle bien todos los
ingredientes con una cuchara de madera o con las manos
hasta que la mezcla sea uniforme.

Divida la mezcla en 4 partes iguales y forme una bola con cada
una de ellas. Aplane las bolas hasta conseguir la forma de una
hamburguesa.

Caliente un chorro de aceite de girasol en una sartén grande.
Fría las hamburguesas (si no caben en la sartén, en dos fases)
durante 4-5 minutos por cada lado hasta que estén doradas.
Sírvalas sobre un lecho de lechuga y, si lo desea, ponga
un poco de conserva de tomate por encima.

Para preparar quesadillas de cangrejo, unte 1 lado de
dos tortillas de maíz con un poco de aceite vegetal. Mezcle
250 g de carne blanca de cangrejo fresca con 2 cucharadas
de mahonesa. Salpimiente al gusto y añada 1 cucharada de
estragón picado. Mezcle bien los ingredientes. Unte el lado
sin aceite de las tortillas con la mezcla. Corte 2 tomates en
rodajas y colóquelas sobre la mezcla de cangrejo. Cubra las
tortillas con la mezcla de cangrejo con otras 2 tortillas. Unte
la tortilla superior con un poco de aceite. Caliente una sartén
sin aceite a fuego fuerte y fría las quesadillas 1 minuto por
cada lado o hasta que . Corte cada quesadilla en 6 partes
y sírvalas acompañadas de una ensalada de roqueta.

salmón con *pak choi*

4 raciones
tiempo de preparación
15 minutos
tiempo de cocción **25 minutos**

4 **filetes de salmón** de unos
200 g cada uno, troceados
aceite vegetal, para engrasar
1 cucharada de **pasta de
tamarindo**
2-3 cucharadas de **salsa de soja**
15 g de **raíz de jengibre fresco**,
rallada
2 cucharaditas de **azúcar
extrafino**
2 **dientes de ajo**, majados
1 **chile verde suave**, cortado
en rodajas finas
1 cucharadita de **harina de maíz**
250 g de *pak choi*
8 **cebollas tiernas**, cortadas
por la mitad a lo largo
15 g de **hojas de cilantro**,
picadas

Ponga los filetes de salmón en una rejilla para el horno
engrasada y ponga la rejilla dentro de una fuente para
el horno. Vierta 450 ml de agua hirviendo dentro de la fuente.
Tape la fuente con papel de aluminio, ajuste el papel y deje
cocer el pescado en el horno (precalentado a 180 °C) durante
15 minutos o hasta que el salmón esté prácticamente cocido.

Mientras, ponga el tamarindo en una cazuela pequeña y
bátalo en 175 ml de agua. Añada la salsa de soja, el jengibre,
el azúcar, el ajo y el chile y caliéntelo todo a fuego lento
durante 5 minutos. Bata la harina de maíz con 1 cucharada
de agua y agregue la mezcla a la cazuela. Déjelo calentar,
mientras remueve, durante 1-2 minutos o hasta que espese.

Corte el *pak choi* en cuatro partes a lo largo y coloque los
trozos alrededor del salmón en la rejilla junto con las cebollas
tiernas. Vuelva a tapar la fuente con el papel de aluminio y
déjelo cocer en el horno durante otros 8-10 minutos o hasta
que las verduras se marchiten.

Añada el cilantro a la salsa. Sirva el pescado y las verduras
en platos, rocíelos con la salsa y sírvalos.

Para preparar salmón con *bok choy*, chile y jengibre,
caliente 2 cucharadas de aceite de sésamo en un wok
a fuego fuerte y fría un chile picado y 1 trozo de 1 cm
de jengibre picado. Añada las hojas de 3 *bok choy*
y saltéelas durante 1 minuto o hasta que las hojas estén
blandas. Incorpore 2 cucharadas de salsa de soja y sirva
el *bok choy* con el salmón.

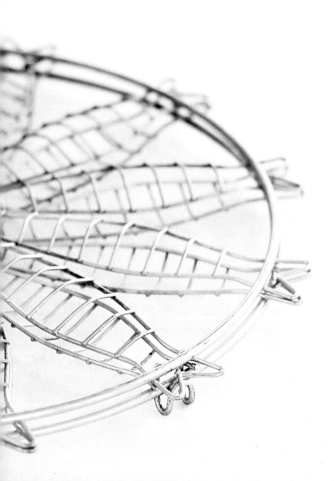

barbacoa

lubina con lima y cilantro

4 raciones

tiempo de preparación
20 minutos, más tiempo
de refrigerado

tiempo de cocción **10 minutos**

150 g de **mantequilla**, blanda

3 cucharadas de **cilantro**, picado
(más un pequeño manojo)

1 **chile rojo** grande, sin semillas
y picado

2 **limas**

4 **lubinas** enteras, destripadas
y descamadas

2 cucharadas de **aceite vegetal**

sal y **pimienta**

Mezcle la mantequilla, el cilantro picado, el chile y la ralladura de las limas. Salpimiente. Coloque la mezcla de mantequilla sobre un trozo de film transparente. Enrolle el film transparente y forme un cilindro tipo embutido. Doble los extremos del cilindro para que la mantequilla no se derrame y póngalo en el frigorífico para que solidifique.

Aplique 3 cortes no muy profundos a ambos lados del pescado. Corte las limas en rodajas y coloque unas rodajas de lima en el vientre de las lubinas junto con unas ramitas de cilantro.

Unte el exterior del pescado con un poco de aceite y salpimiéntelo bien por ambos lados.

Ponga el pescado bien directamente sobre la parrilla de una barbacoa a media potencia o póngalo primero en una plancha (esta opción es más fácil). Cueza el pescado durante 5 minutos por cada lado. La mejor forma de comprobar si el pescado está cocido es mirar en el interior del vientre para ver si la carne se ha vuelto opaca o si el pescado está firme al tacto.

Corte la mantequilla en rodajas finas y ponga 1 rodaja sobre cada uno de los cortes hechos en un lado del pescado. Deje que la mantequilla se derrita. Sirva el pescado con una ensalada verde.

Para preparar unos paquetitos de lubina a la parrilla, unte 4 trozos cuadrados de papel de aluminio con mantequilla y coloque las lubinas en el centro de cada trozo. Rocíelos con un poco de aceite de oliva y esparza unos trozos de chile y de jengibre picados sobre cada paquetito. Cierre los paquetitos y déjelos cocer sobre la parrilla de una barbacoa a media potencia durante 8-10 minutos o hasta que el pescado se vuelva opaco.

broquetas de gambas con citronela

4 raciones

tiempo de preparación
10 minutos, más tiempo
de marinado

tiempo de cocción **8 minutos**

5 **tallos de citronela**

4 cucharadas de **salsa
de chile dulce** (y un poco
más para acompañar)

2 cucharadas de **cilantro**,
picado

2 cucharadas de **aceite
de sésamo**

20 **langostinos jumbo** crudos,
pelados (pero sin quitar la cola)

Quite las hojas exteriores de 1 tallo de citronela. Córtelo
en rodajas y póngalo en un cuenco junto con la salsa de chile
dulce, el cilantro y el aceite. Sumerja las gambas en la mezcla,
tape el cuenco y déjelas marinar en el frigorífico durante 1 hora
(o toda una noche).

Retire las gambas de la marinada. Quite las hojas exteriores
de los 4 tallos de citronela restante hasta obtener una fina
broqueta de citronela. Haga un agujero en las gambas en
su parte más gruesa con un palillo metálico y clávelas después
en los tallos de la citronela (5 gambas en cada tallo).

Ponga las broquetas de gambas sobre la barbacoa y déjelas
cocer durante 4 minutos por cada lado o hasta que las gambas
se hayan vuelto rosadas y estén firmes al tacto.

Sirva las gambas justo después de sacarlas de la barbacoa
y acompáñelas de un poco de salsa de chile dulce para mojar.

Para preparar una salsa de cilantro para acompañar unas
gambas a la barbacoa, ponga 1 buen puñado de hojas de
cilantro en una picadora y tritúrelas junto con 200 g de yogur
natural. Añada 1 cucharadita de salsa de menta y salpimiente
al gusto.

pez espada con *piri-piri* y salsa de tomate

4 raciones

tiempo de preparación
7 minutos, más tiempo de
marinado

tiempo de cocción
11-16 minutos

2 cucharadas de *piri-piri*
2 cucharadas de **aceite de oliva**
4 **filetes de pez espada**,
de unos 200 g cada uno
6 **tomates pera**, maduros
cortados por la mitad
1 cucharada de **perejil**, picado
1 **chile verde**, sin semillas
y picado
la ralladura y un poco de zumo
de 1 **limón**
sal y **pimienta**
unas rodajas de limón,
para acompañar

Mezcle el *piri-piri* con 1 cucharada de aceite y use la mezcla para untar los filetes de pez espada. Deje marinar el pescado en el frigorífico durante 30 minutos.

Ponga los tomates en una barbacoa caliente hasta que estén blandos y ligeramente chamuscados (durante unos 5-8 minutos). Retírelos de la barbacoa, trocéelos y déjelos enfriar un poco. Añada el perejil, la albahaca, el chile y la ralladura de limón. Finalmente agregue un poco de zumo de limón y el aceite restante y salpimiente al gusto.

Ponga el pez espada marinado en la barbacoa y déjelo cocer durante 3-4 minutos por cada lado. Sirva el pescado acompañado de la salsa de tomate y las rodajas de limón.

Para preparar una conserva de pimientos a la barbacoa

como acompañamiento alternativo para el pescado, quite las semillas y corte 1 pimiento rojo, 1 amarillo y 1 naranja en trozos grandes. Rocíe los pimientos con un poco de aceite de oliva mezclado con 1 cucharada de *piri-piri*. Ponga los pimientos en la barbacoa y déjelos cocer hasta que estén muy blandos y ligeramente chamuscados. Retírelos de la barbacoa. Pique bien los trozos de pimiento y mézclelos con un poco más de aceite de oliva, un poco de zumo de lima y 1 cucharada de chile rojo picado. Salpimiente la conserva al gusto.

filetes de caballa con especias

4 raciones
tiempo de preparación
   4 minutos
tiempo de cocción **5-6 minutos**

2 cucharadas de **aceite de oliva**
1 cucharada de **pimentón dulce ahumado**
1 cucharadita de **pimienta de cayena**
4 **caballas** sin escamas, fileteadas y sin espinas
2 **limas**, cuarteadas
sal y **pimienta**

Mezcle el aceite, el pimentón dulce y la pimienta de cayena y añada un poco de sal y pimienta. Haga 3 cortes poco profundos en la piel de la caballa y úntela con un poco del aceite con especias.

Ponga los cuartos de lima y la caballa en la barbacoa, primero con la piel hacia abajo, y déjelas cocer durante 4-5 minutos hasta que la piel esté crujiente y las limas estén chamuscadas. Dele la vuelta al pescado y déjelo cocer durante 1 minuto por el otro lado. Sirva la receta acompañada de una ensalada de roqueta.

Para preparar caballa con pimienta negra y laurel,

mezcle 4 hojas de laurel picadas, 1 diente de ajo majado, ½ cucharadita de pimienta, una pizca de sal y 4 cucharadas de aceite de oliva. Vierta la marinada por encima y por dentro de 4 caballas sin tripas ni escamas. Ponga las caballas en la barbacoa y déjelas cocer durante 3-4 minutos por cada lado.

broqueta de sardinas y ensalada griega

4 raciones
tiempo de preparación
15 minutos
tiempo de cocción **6-8 minutos**

8 **sardinas frescas,** sin tripas
y descamadas
2 cucharadas de **aceite de oliva**
4 rebanadas gruesas de **pan de
chapata**
1 **diente de ajo,** pelado
sal y **pimienta**

para la **ensalada griega**
4 **tomates** cortados en 8 trozos
½ **pepino,** sin semillas y cortado
en trozos de 1 cm
10 **aceitunas negras sin hueso,**
cortadas por la mitad
200 g de **queso feta,** cortado
en dados de 1 cm
1 cucharada de **zumo de limón**
2 cucharadas de **aceite de oliva**
10 **hojas de menta,** picadas

Mezcle todos los ingredientes de la ensalada griega
y condiméntela con pimienta. Resérvela aparte mientras
prepara las sardinas.

Unte las sardinas con un poco de aceite de oliva
y salpiméntelas. Ponga las sardinas en la barbacoa y
déjelas cocer durante 3-4 minutos por cada lado o hasta
que el pescado esté firme al tacto.

Rocíe las rebanadas de pan con el aceite restante y tuéstelas
en la barbacoa. Cuando estén tostadas, restriégueles un diente
de ajo.

Reparta la ensalada por encima de las rebanadas y sírvalas
acompañadas de las sardinas a la barbacoa.

Para preparar unas sardinas con limón, ajo y romero,

mezcle 4 cucharadas de aceite de oliva, la ralladura de 1 limón,
1 cucharada de romero picado, 2 dientes de ajo cortados
en láminas y un poco de sal y pimienta. Unte 8 sardinas
sin tripas ni escamas con un poco de este aceite y déjelas
cocer en la barbacoa durante 3 minutos por cada lado.
Sírvalas con una ensalada verde y exprima un poco de zumo
de limón por encima.

vieiras envueltas en jamón de Parma

4 raciones

tiempo de preparación
15 minutos
tiempo de cocción **4 minutos**

6 lonchas de **jamón de Parma**
12 **vieiras**, limpias
(opcionalmente sin huevas)
4 ramitas largas de **romero**
1 cucharada de **aceite de oliva**
unas hojas de ensalada
sal y **pimienta**

para el **aliño**

4 cucharadas de **zumo de limón**
(y un poco más para servir)
1 **diente de ajo**, majado
1 cucharada de **vinagre de vino blanco**
3 cucharadas de **aceite de oliva**
1 cucharadita de **mostaza de Dijon**

Corte las lonchas de jamón de Parma por la mitad horizontalmente. Enrolle media loncha de jamón alrededor de cada una de las vieiras.

Clave 3 vieiras en un palillo metálico (alterne las vieiras con las huevas, si las usa). Una vez hechos los agujeros en las vieiras, retire los palillos metálicos y quite las hojas a las ramitas de romero, dejando sólo unas cuantas en un extremo. Clave las vieiras en las ramitas de romero.

Condimente las vieiras sólo con pimienta. Rocíelas con el aceite y déjelas cocer en la barbacoa durante 2 minutos por cada lado.

Ponga los ingredientes del aliño en un cuenco y mézclelos bien. Salpimiente el aliño al gusto. Vierta el aliño sobre las hojas de ensalada y sírvalo con las vieiras, rociadas con un chorrito de zumo de limón.

Para preparar unas broquetas de vieira, chorizo y pimiento rojo, clave unas lonchas de chorizo, unos trozos de pimiento y 2 vieiras limpias en unos palillos de bambú puestos en remojo previamente. Salpimiente las broquetas y déjelas cocer en la barbacoa durante 5 minutos, girándolas de vez en cuando, hasta que el chorizo esté cocido.

pargo colorado a la tailandesa con salsa de mango

,4 raciones

tiempo de preparación
20 minutos, más tiempo de marinado

tiempo de cocción **8 minutos**

4 **pargos colorados**,
destripados y descamados

para la **pasta de curry**
2 cucharadas de **aceite vegetal**
2 **chiles verdes**, grandes
2 **ramitas de citronela**,
troceadas
1 trozo de 2,5 cm de **raíz de
jengibre fresco**, pelada y
picada
1 **diente de ajo**
2 **chalotas**, peladas
1 cucharadita de **azúcar moreno**
la ralladura de 1 **lima**

para la **salsa**
2 **mangos** maduros, pelados
y cortados en dados de 1 cm
1 **chile rojo**, sin semillas y picado
½ **cebolla roja**, cortada en finas
rodajas
3 cucharadas de **zumo de lima**
2 cucharadas de **cilantro**, picado
1 cucharada de **aceite de oliva**

Ponga todos los ingredientes de la pasta de curry en una picadora pequeña y tritúrelos hasta obtener una pasta fina.

Haga 3 cortes en la piel del pescado, tanto por un lado como por el otro. Ponga el pescado en un plato no metálico y vierta la marinada por encima, asegurándose de que entra líquido en el vientre del pescado. Deje marinar los pargos en el frigorífico durante un mínimo de 1 hora (preferiblemente de 3 a 4 horas).

Ponga el pescado en la barbacoa a media potencia y déjelo cocer durante 4 minutos por cada lado o hasta que la carne esté firme.

Mezcle todos los ingredientes de la salsa y sírvala para acompañar el pescado recién sacado de la barbacoa.

Para preparar salmonete con aceite de albahaca,

ponga 4 salmonetes sin tripas ni escamas en una barbacoa a potencia media rociados con un poco de aliño y un chorrito de aceite de oliva. Déjelos cocer durante 3 minutos por cada lado o hasta que la carne esté firme. Ponga 1 buen puñado de albahaca, 1 diente de ajo, 50 g de piñones y 75 ml de aceite de oliva en una picadora y tritúrelo todo hasta obtener una mezcla homogénea. Sirva el pescado acompañado del aceite de albahaca.

colas de langosta con aliño de estragón

4 raciones
tiempo de preparación
4 minutos
tiempo de cocción
16-21 minutos

1 cucharadita de **mostaza
de Dijon**
2 cucharadas de **vinagre de vino
blanco**
6 cucharadas de **aceite de oliva**
3 cucharadas de **estragón
picado**
4 **colas de langosta cruda**

Ponga la mostaza, el vinagre y el aceite en un cuenco pequeño y remuévalo bien para que quede bien mezclado. Añada el estragón y salpimiente al gusto.

Ponga las colas de langosta en la barbacoa a potencia media, con la carne hacia abajo y déjelas cocer durante 6 minutos. Deles la vuelta y rocíe la carne de las colas con 1 cucharada de aliño. Déjelas cocer durante otros 10-15 minutos o hasta que estén bien cocidas. Si su barbacoa dispone de tapa, es mejor bajarla para cocer la langosta.

Sirva las colas de langosta con el resto del aliño.

Para preparar una clásica salsa mil islas para acompañar la langosta, mezcle 6 cucharadas de mahonesa, 1 cucharada de kétchup, ½ cucharadita de salsa Worcestershire, un chorrito de zumo de limón, una pizca de pimienta de cayena, 1 pimiento rojo y 1 amarillo sin semillas y cortados en pequeños dados, y 1 cucharada de cebollino picado. Salpimiente la salsa al gusto.

índice

agradecimientos

Editor ejecutivo: Nicky Hill
Editora: Lisa John
Directora artística: Geoff Fennell
Diseñadora: Sue Michniewicz
Fotógrafo: David Munns
Estilista (alimentos): Marina Filippelli
Estilista (menaje): Liz Hippisley

Fotografías especiales: © Octopus Publishing Group Limited/Will Heap

Otras fotografías: © Octopus Publishing Group Limited 23, 27, 109, 225; /Stephen Conroy 6, 16, 21, 31, 35, 39, 43, 47, 53, 57, 91, 133, 159, 167, 173, 177, 191, 195, 199, 203, 207, 215, 217; /Lis Parsons 97, 211; /Gareth Sambidge 157, 163, 169; /Ian Wallace 179, 183, 187.